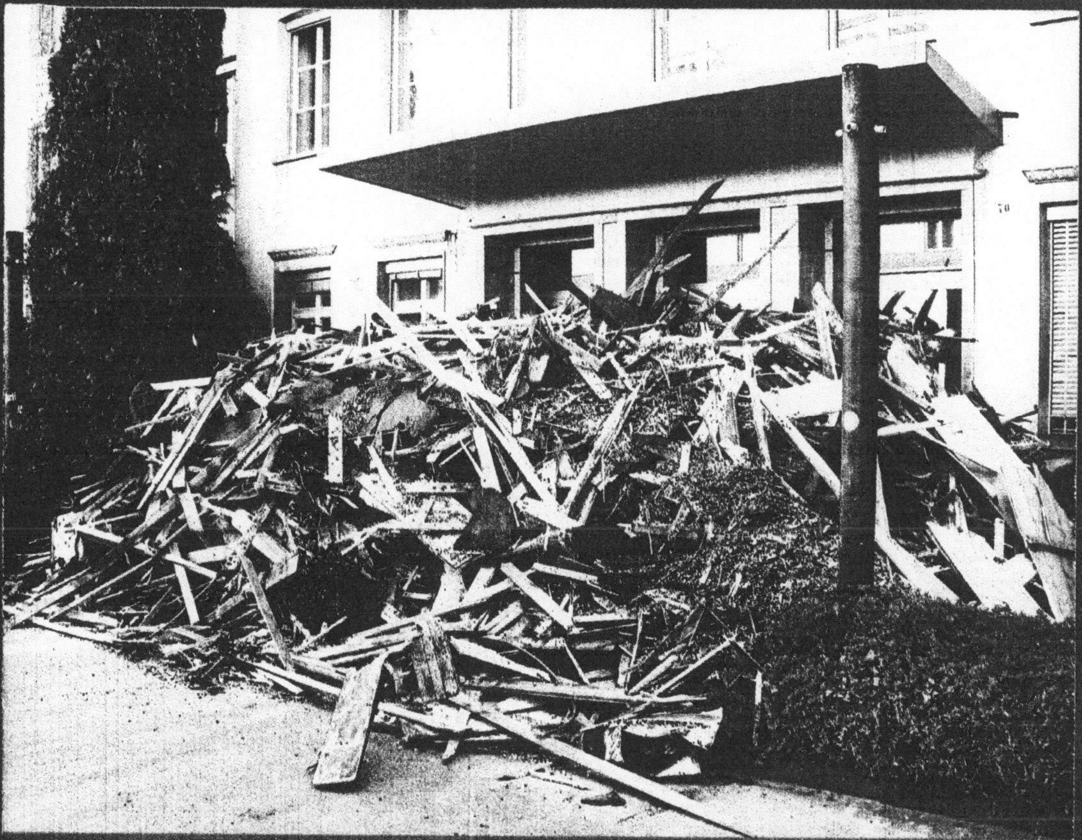

TABULA RASA

Zeitgenössische Fotografie aus der Slowakei

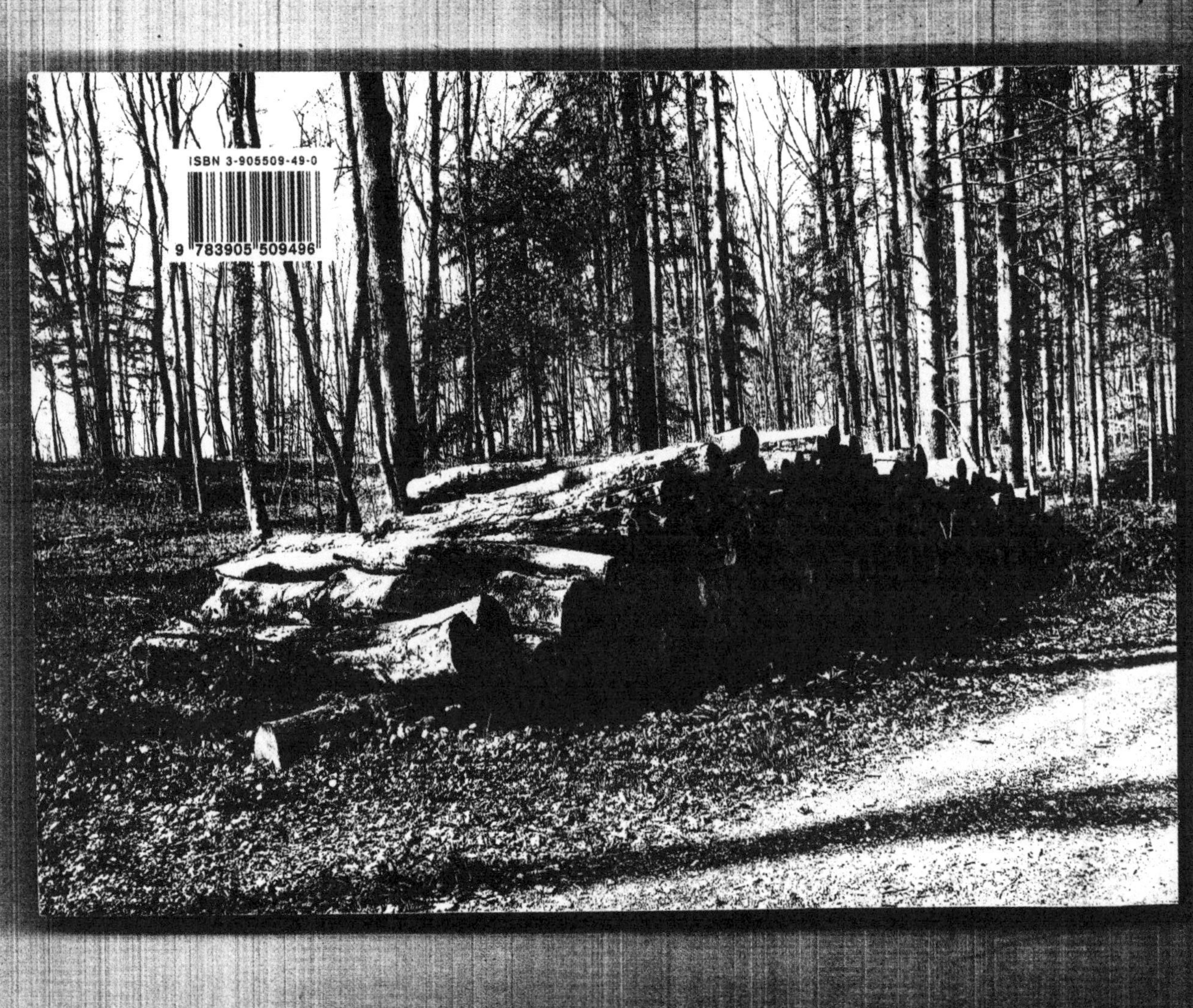
ISBN 3-905509-49-0
9 783905 509496

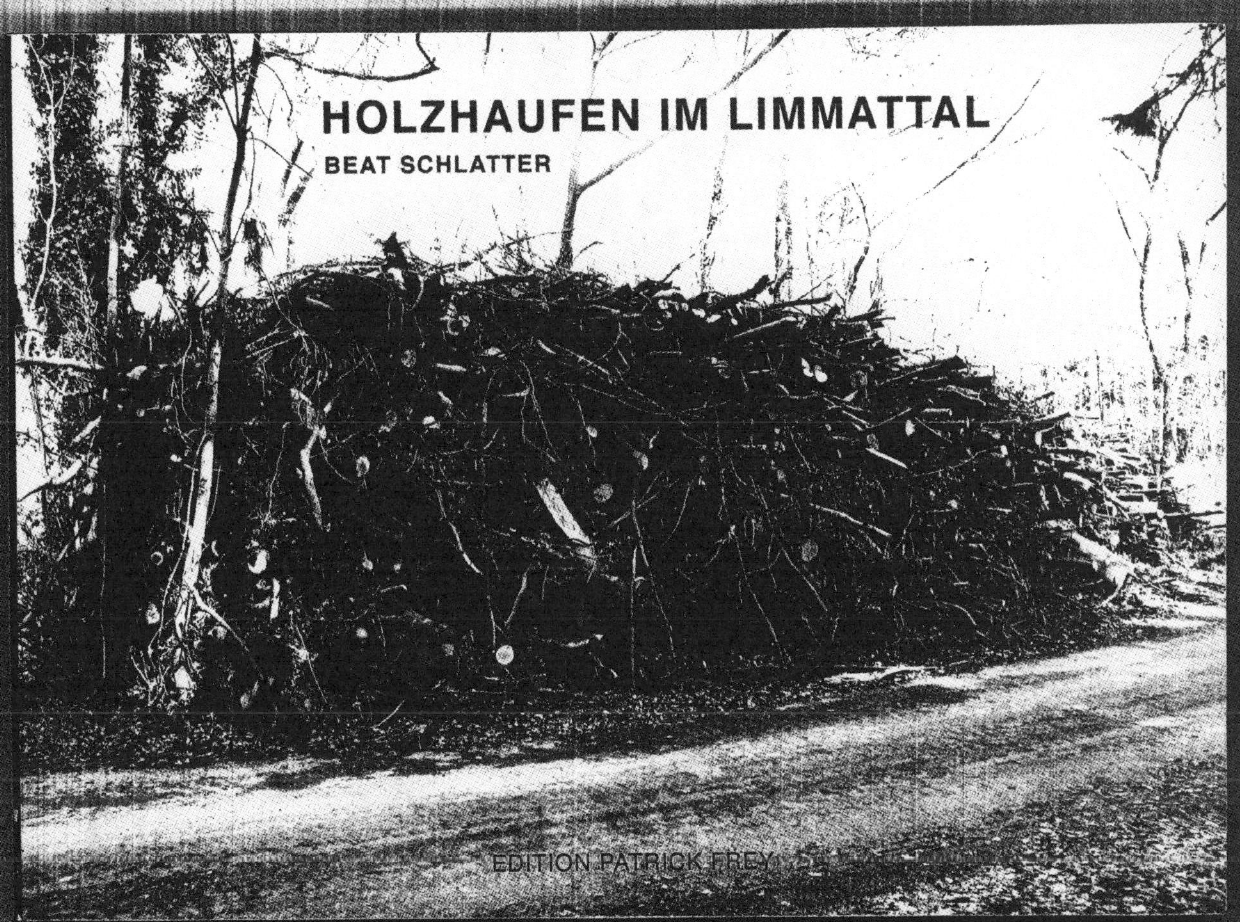
HOLZHAUFEN IM LIMMATTAL
BEAT SCHLATTER
EDITION PATRICK FREY

Das Schöne, das Erhabene, das Wunderbare und ja, das Heilige kann sich überall und immer ereignen. In Brünn, Rosenheim, Prag, Oviedo, oder an den Hängen des Weissenstein.
Licht fällt unversehens in Spinnweb, der böse Bäcker verschenkt sein Brot, die Königin der Nacht geht endlich auf.
Diese elf Erzählungen von Elisabeth Loreto legen davon ein poetisches Zeugnis ab, von der wundervollen Welt, die beinahe gewesen wäre.

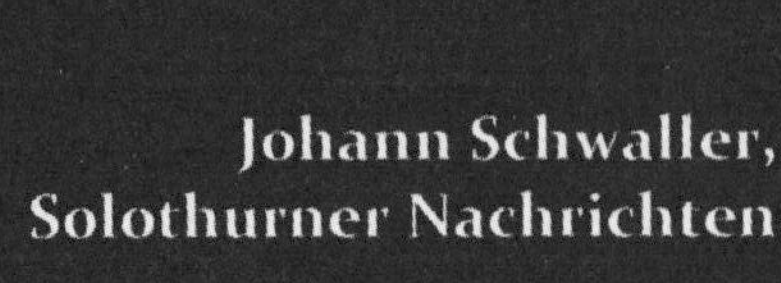
Johann Schwaller,
Solothurner Nachrichten

WALTER VERLAG OLTEN

ELISABETH LORETO

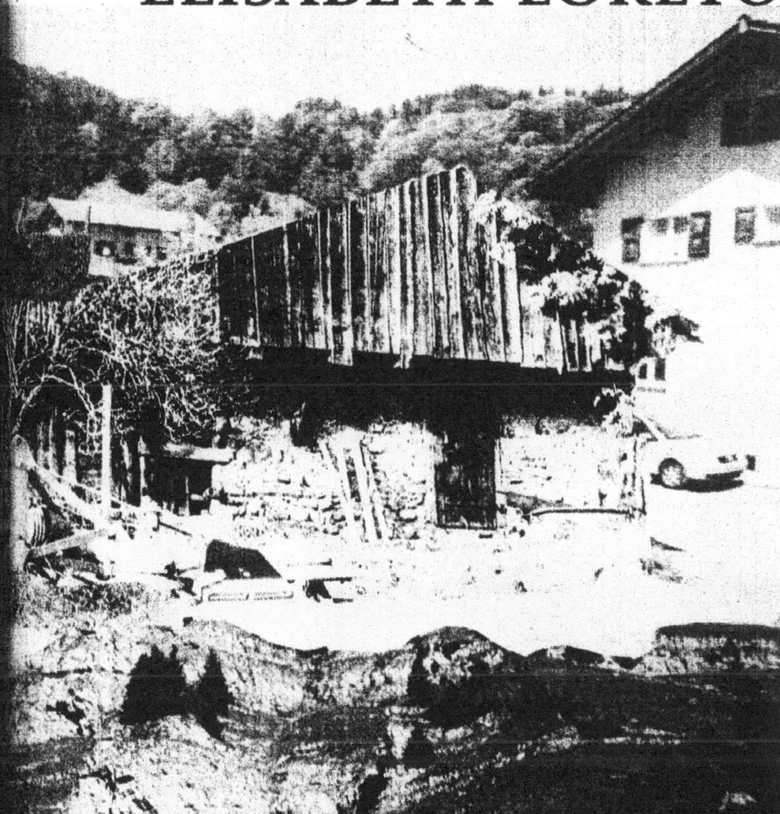

[DE]R FLIEGENDE STALL

ELF ERZÄHLUNGEN

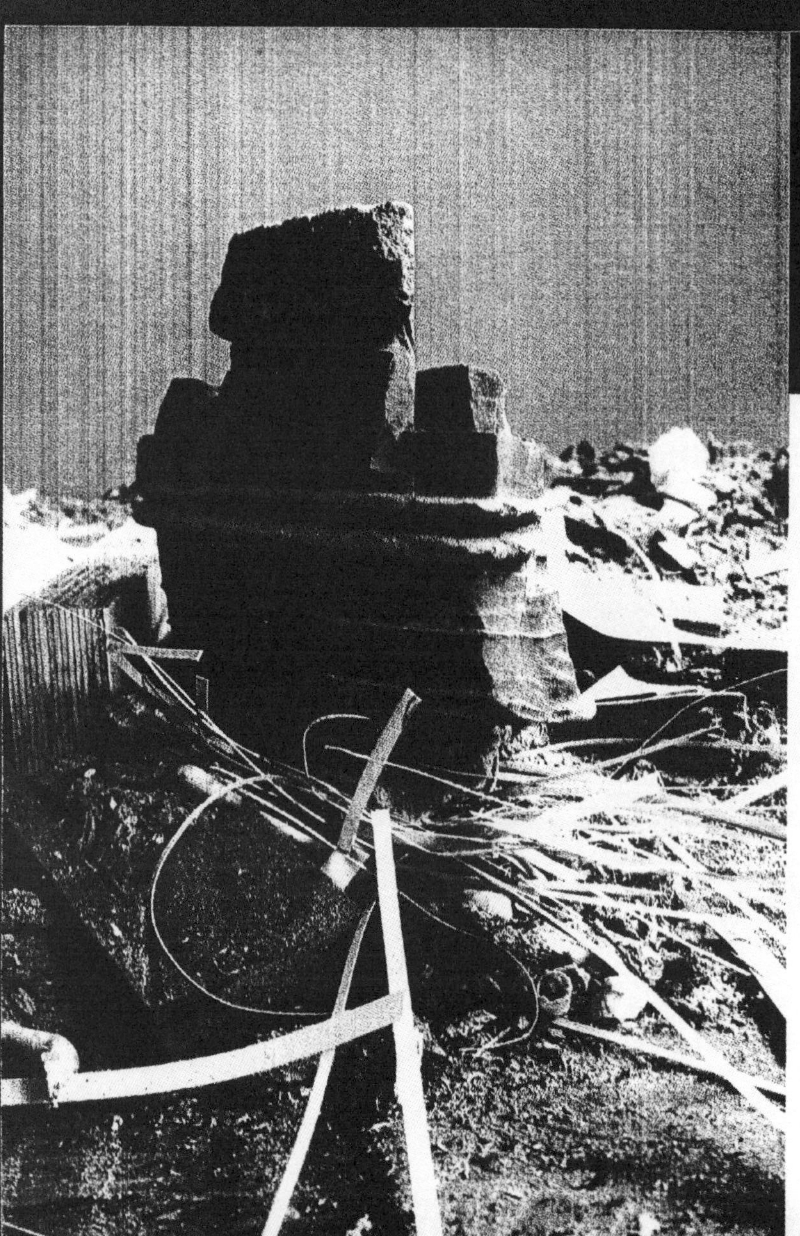

edited by Frank Escher
and Ravi GuneWardena

Random House

John Lautner

Early Bungalows

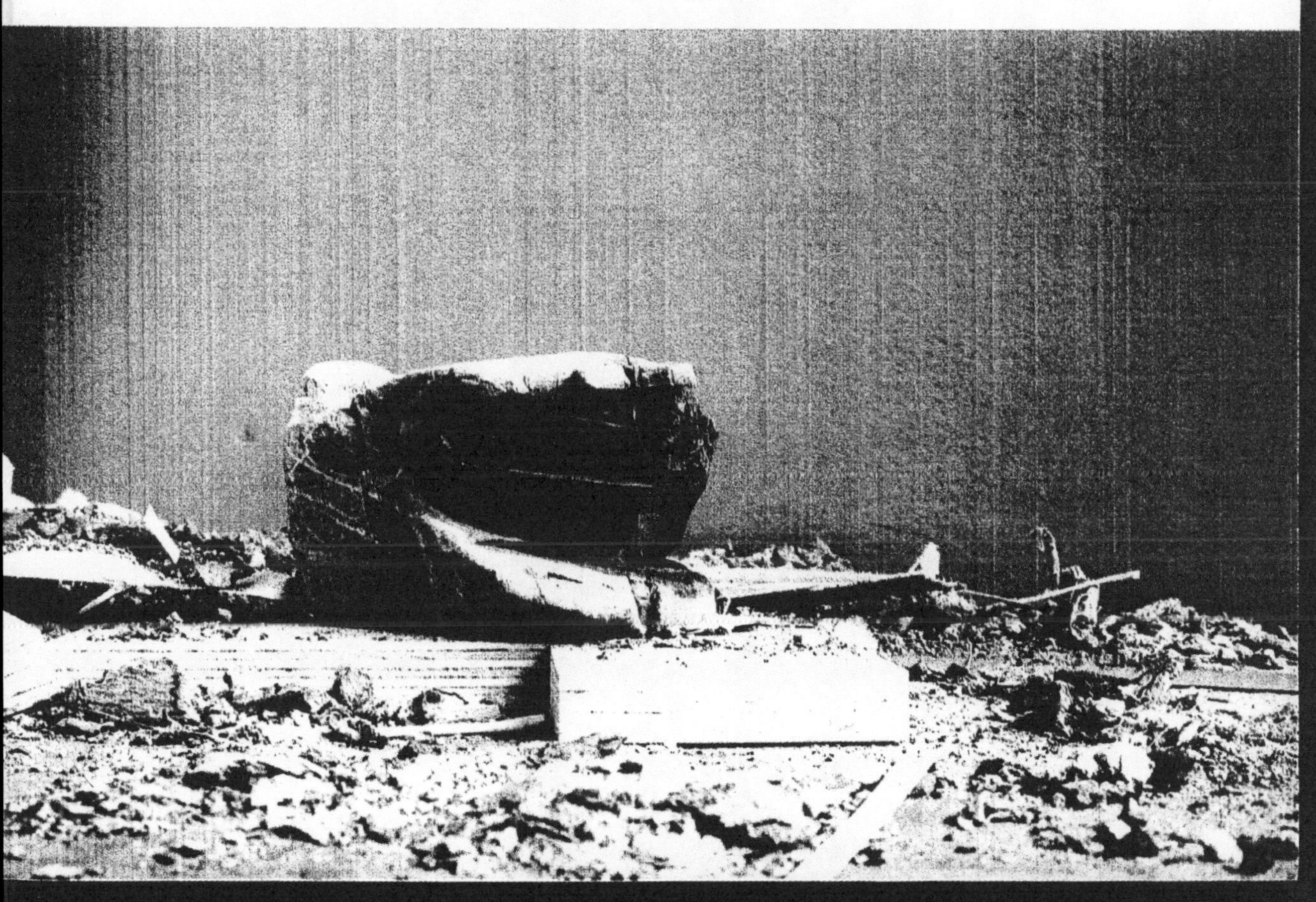

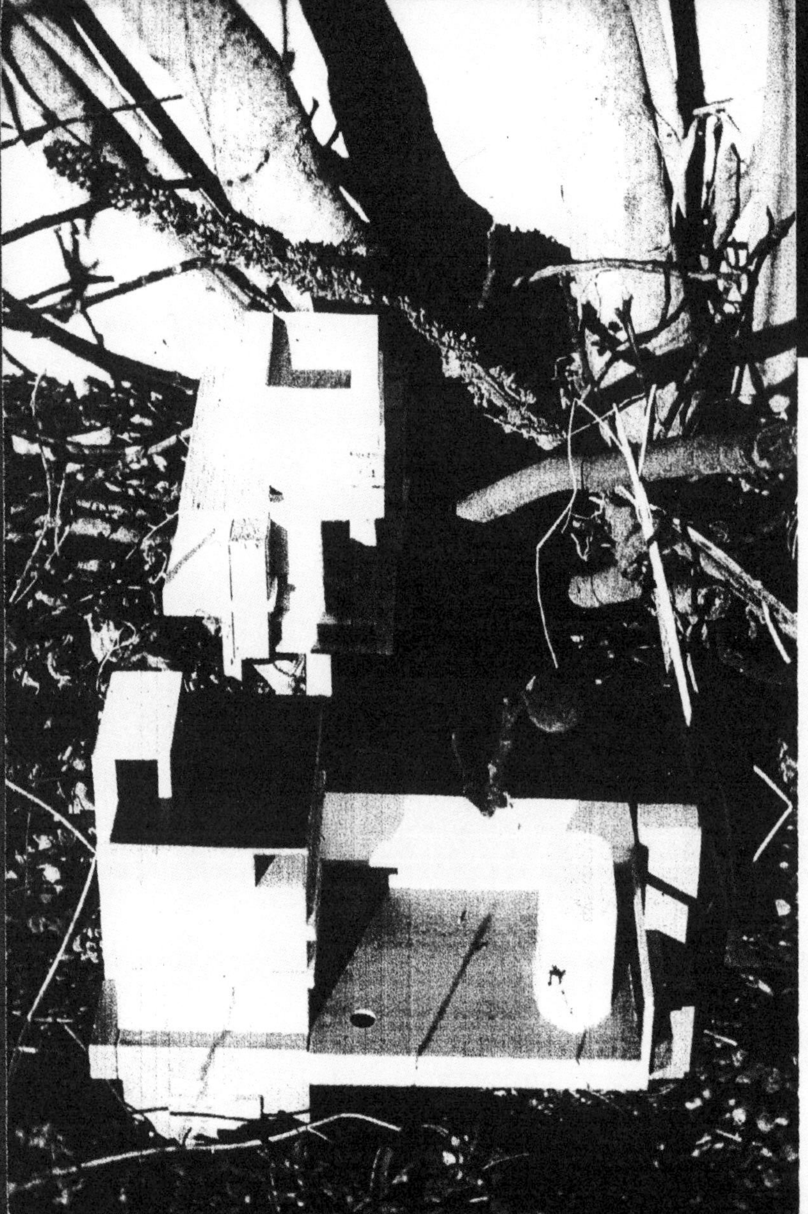

edited by Frank Escher
and Ravi GuneWardena

Random House

Frank Lloyd Wright

Early Pavilions

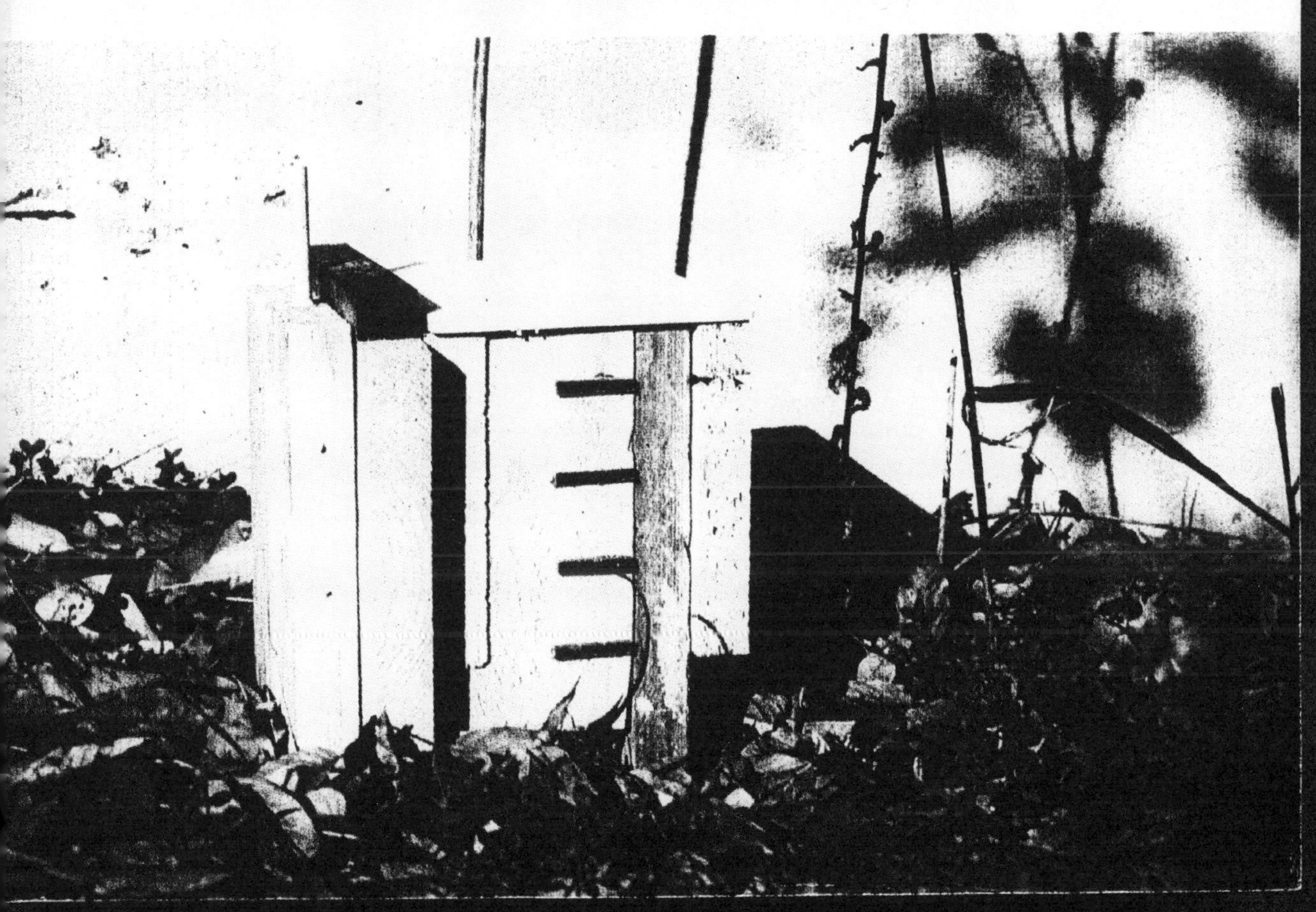

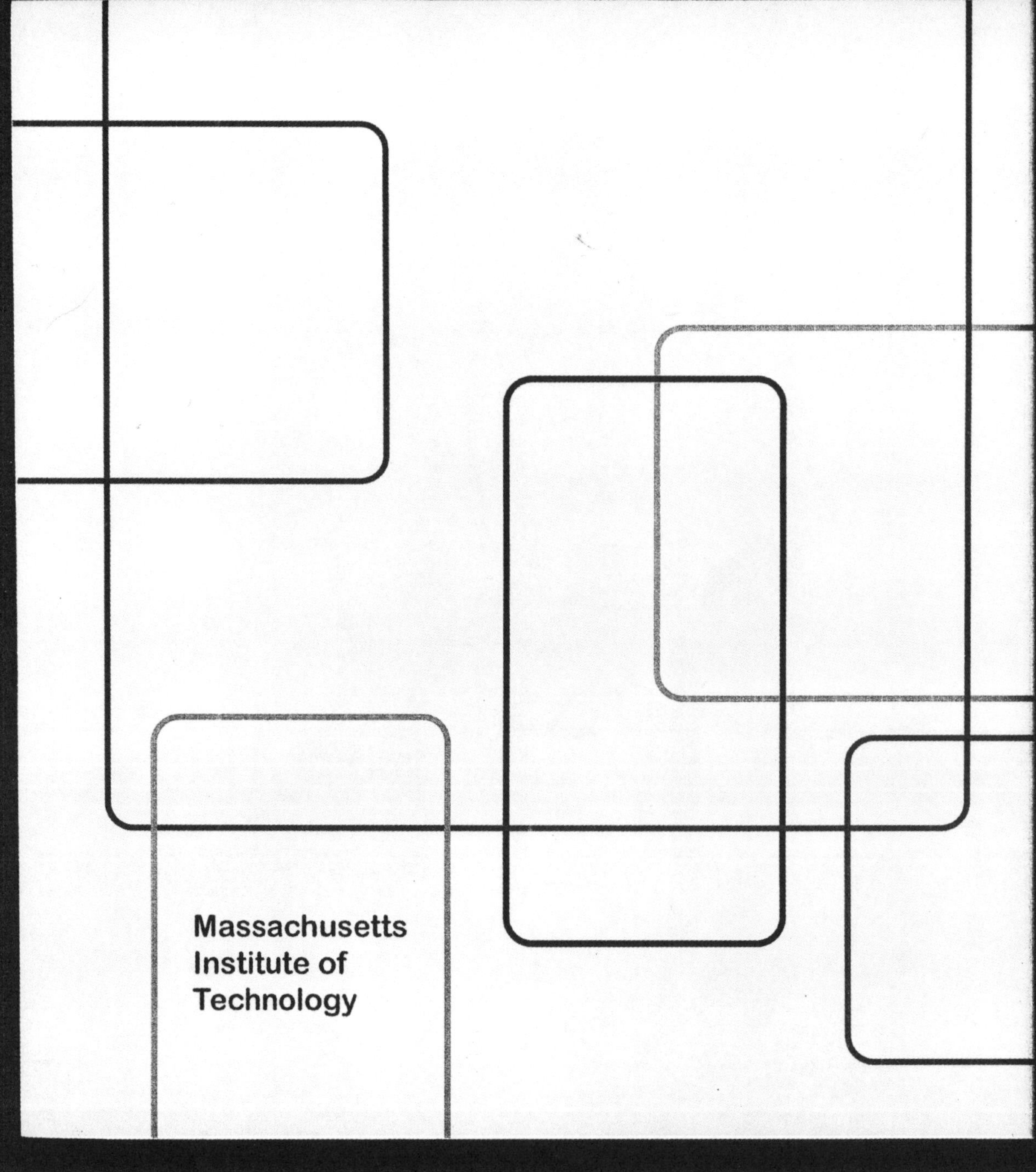
Massachusetts
Institute of
Technology

Maurice Aebi

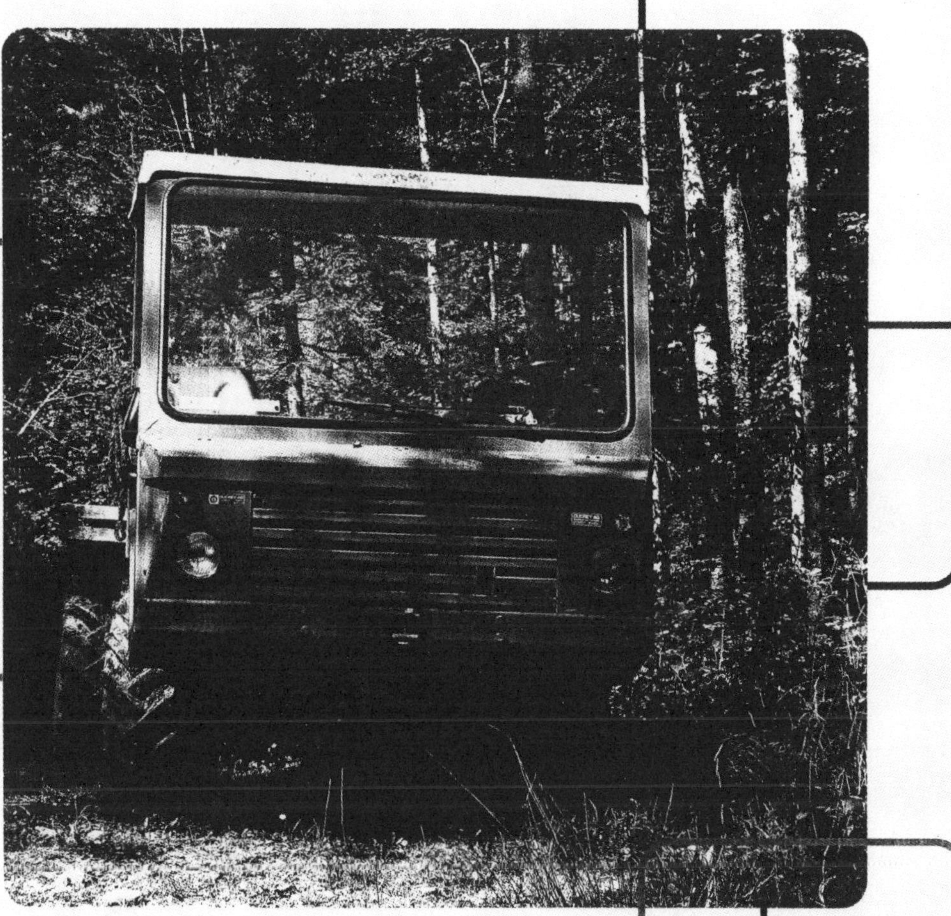

Design

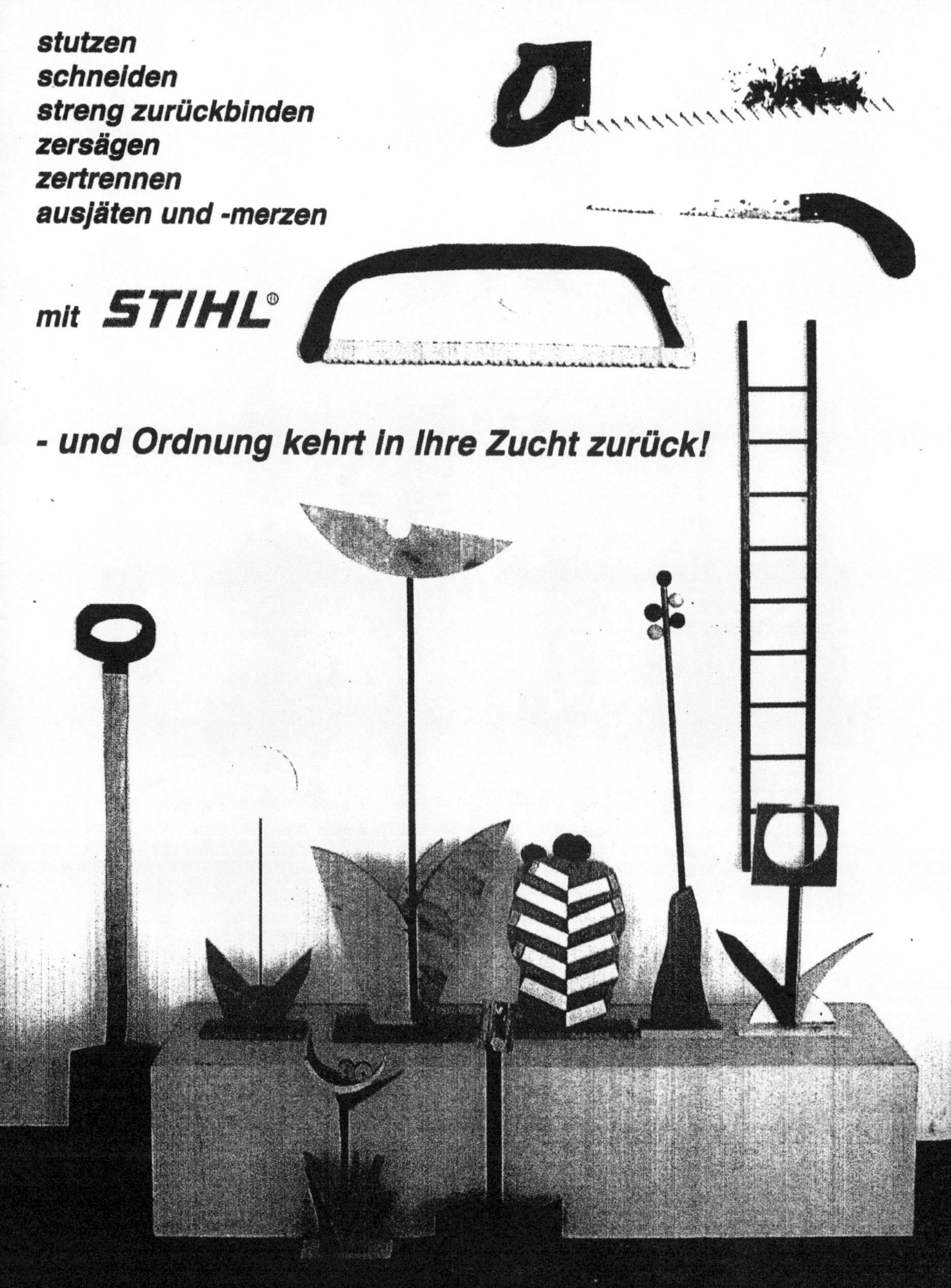
stutzen
schneiden
streng zurückbinden
zersägen
zertrennen
ausjäten und -merzen
mit STIHL®
- und Ordnung kehrt in Ihre Zucht zurück!

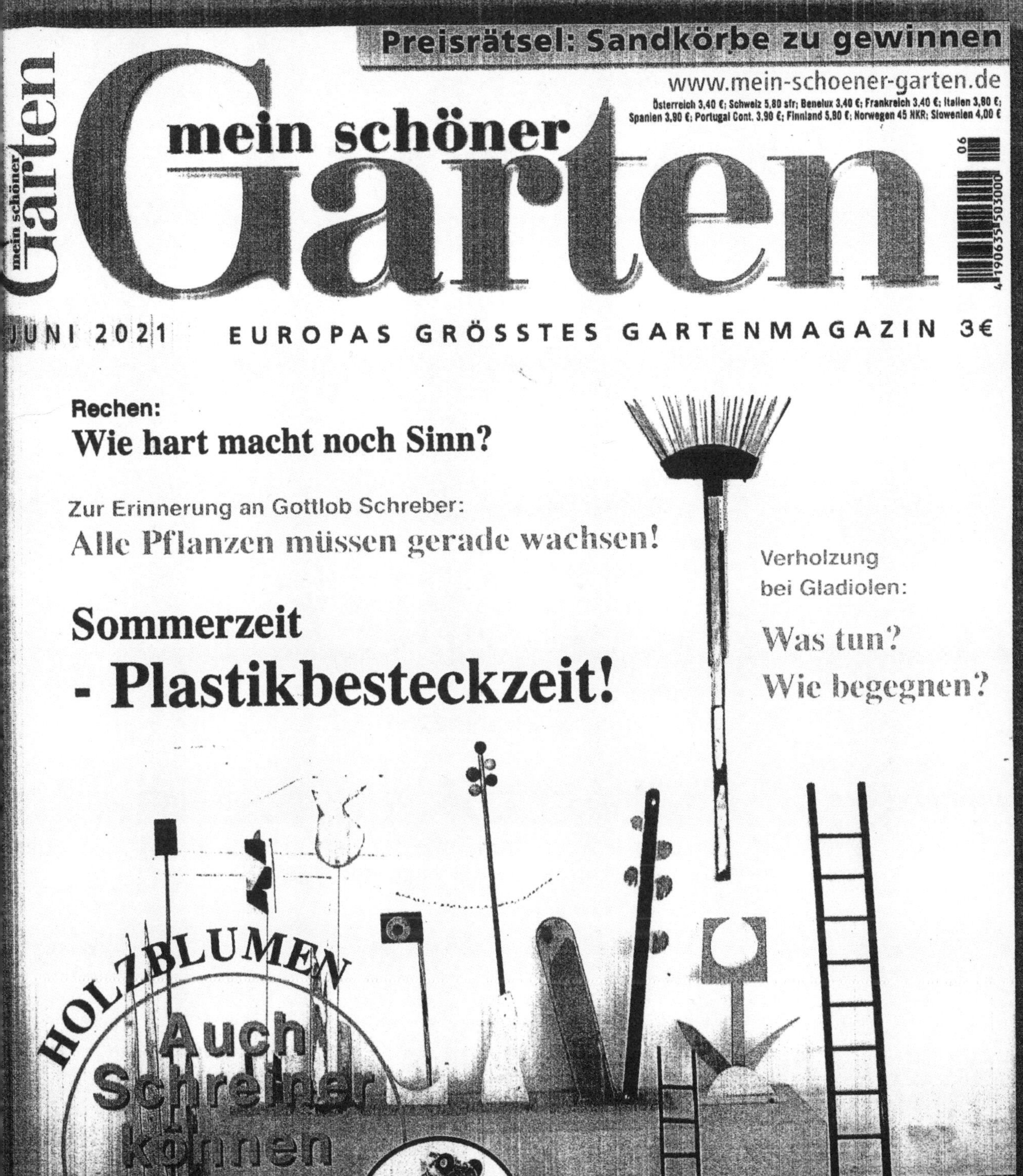
Preisrätsel: Sandkörbe zu gewinnen
www.mein-schoener-garten.de
Österreich 3,40 €; Schweiz 5,80 sfr; Benelux 3,40 €; Frankreich 3,40 €; Italien 3,80 €; Spanien 3,90 €; Portugal Cont. 3,90 €; Finnland 5,90 €; Norwegen 45 NKR; Slowenien 4,00 €
mein schöner Garten
JUNI 2021
EUROPAS GRÖSSTES GARTENMAGAZIN 3€
Rechen:
Wie hart macht noch Sinn?
Zur Erinnerung an Gottlob Schreber:
Alle Pflanzen müssen gerade wachsen!
Sommerzeit
- Plastikbesteckzeit!
Verholzung
bei Gladiolen:
Was tun?
Wie begegnen?
HOLZBLUMEN
Auch Schreiner können Ikebana!
in ihrer Freizeit
Gladiolentölpel
wieder ansiedeln

In diesem Bändchen fassen die weltberühmten Werkbankiers Weber und Stalder die meisten Grundgriffe an der Werkbank zusammen und erläutern diese. Dabei helfen viele Bildchen. Nach wenigen Wochen schon wissen wir, wie eine Bohrtasche gefasst wird, wie eine Überschlagspanne an einem Stahlknecht geführt wird, ohne dass die genuteten Schlitze "räumern". Wir lernen, das Borodonteisen so zu führen, dass es beim Schaben schön verschichtet.

Damit gelangen wir zum Kern des zweiten Kurses, der Herstellung eines einwandfreien Ralkis. Dank des Erlernens der Gussfusstechnik inklusive des Einsatzes von Markhülser und Schabzwick erhalten wir ein Ralki, das garantiert nicht bindet.

ISBN 3-257-21852-4 (16.80)

Raimund Weber & Flugbert Stalder

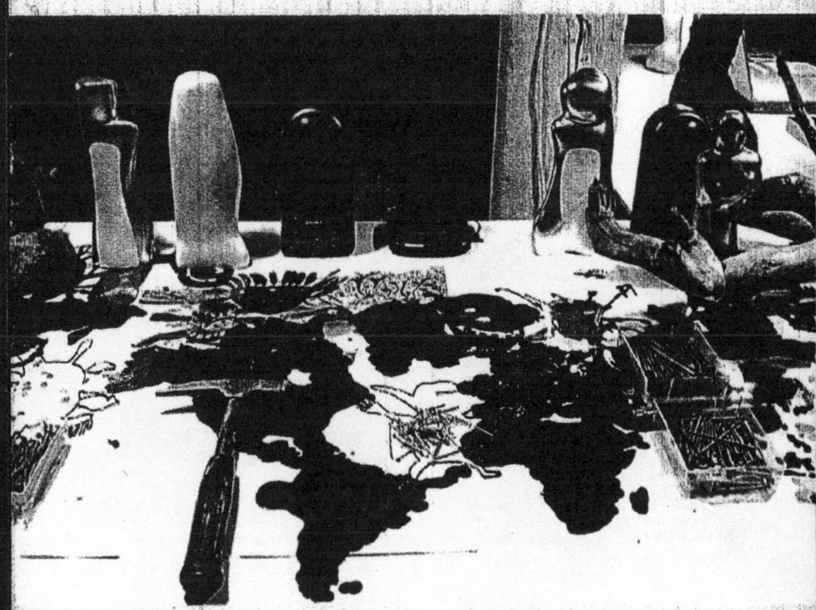

Werkbankkunde II

Manual

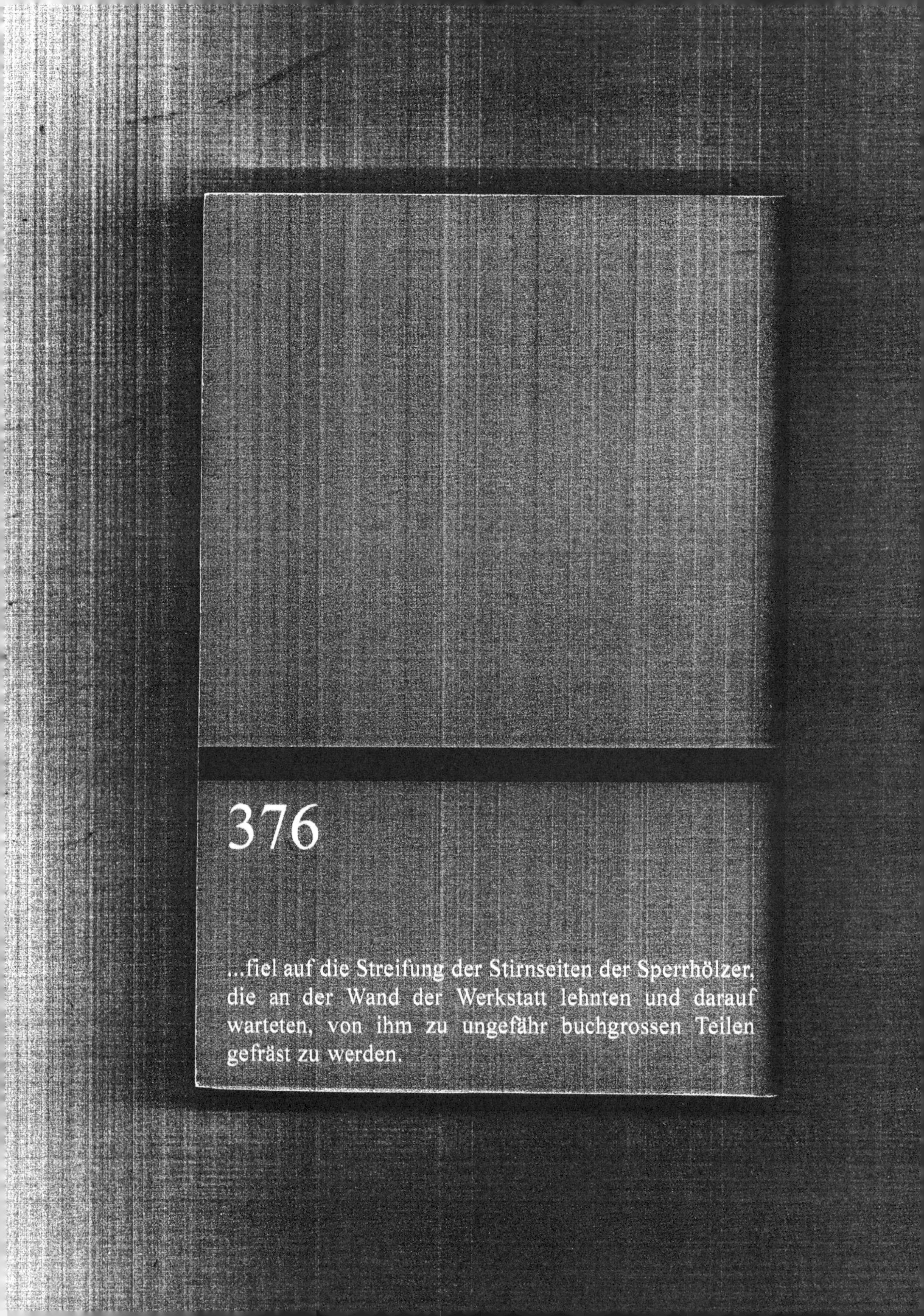

376

...fiel auf die Streifung der Stirnseiten der Sperrhölzer, die an der Wand der Werkstatt lehnten und darauf warteten, von ihm zu ungefähr buchgrossen Teilen gefräst zu werden.

Peter Weiss

Der Schatten des Körpers des Schreiners

Bibliothek Suhrkamp

Im Drechsler finden Sondierungen statt, gerade nachts, wenn der Drechsler schläft, bohrt er träumend ein Wurmloch durch seinen Holzapfel. Gelangt er auf der anderen Seite wieder heraus, ist auch die Idee fürs nächste Tagwerk gebohren:
- ein Nussknacker aus Mahagoni!

SPANPRESSE

Peter Wurm

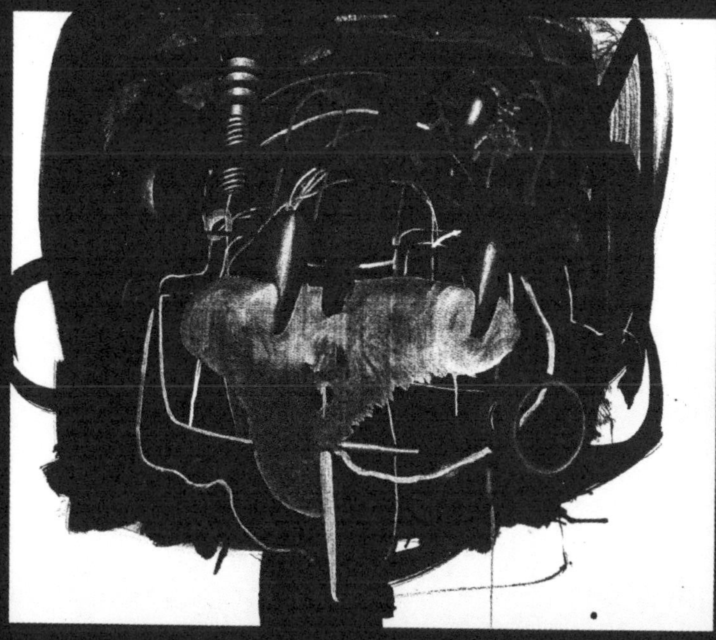

Im Drechsler

Erzählung

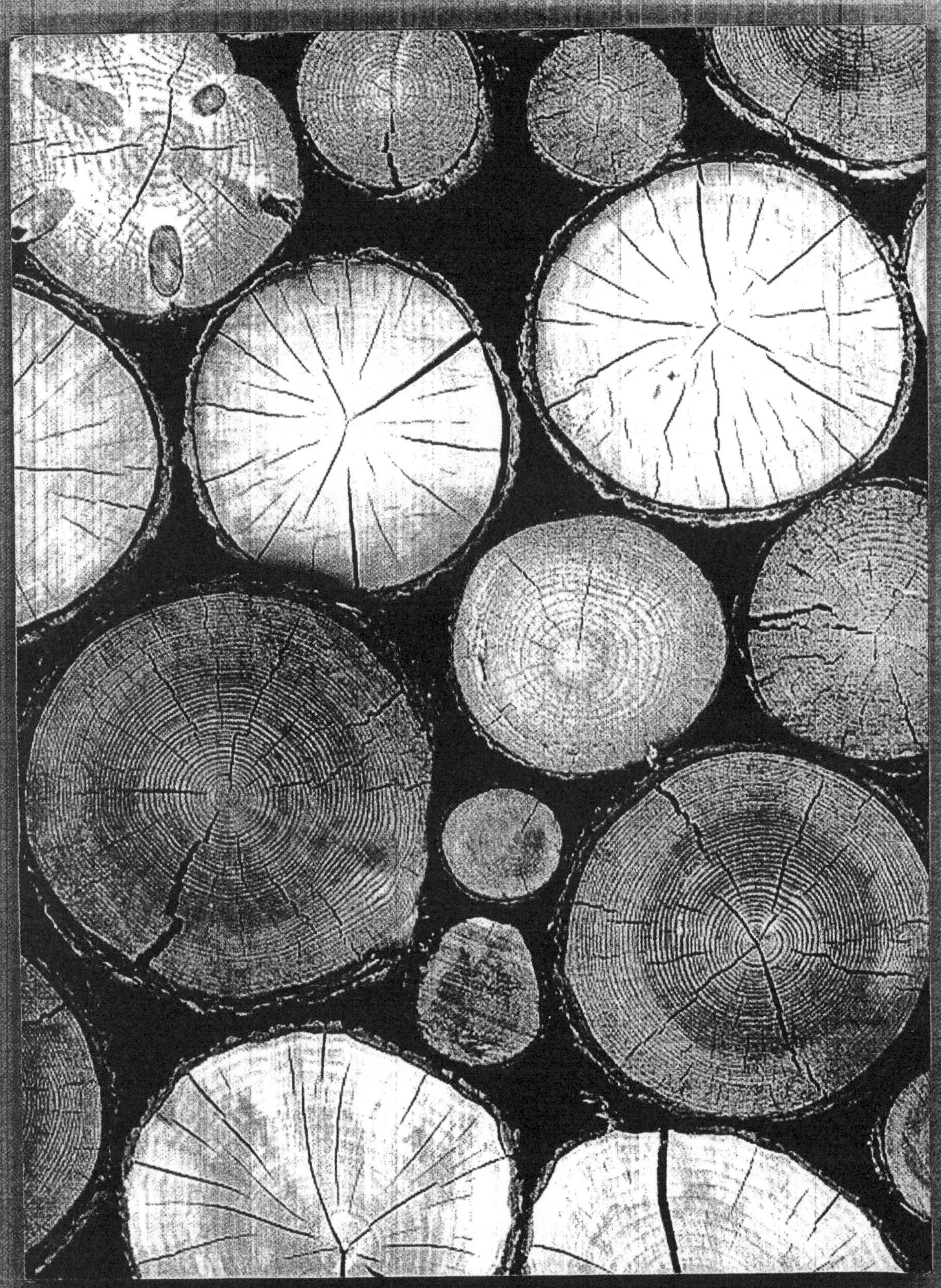

Schweizer Verband der Säge- und Holzindustrie

DER JAHRESRING 2011

56. Jahrgang

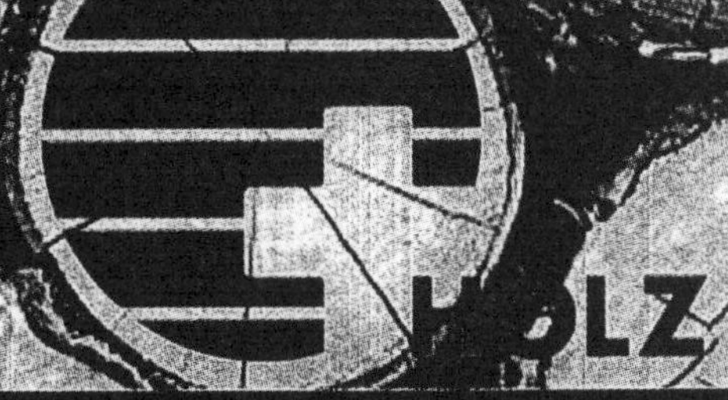

Liebe Voodoofreunde!

Rechtzeitig auf Johannis erscheint auch heuer wieder unser Jahrbuch, das seit nunmehr bald dreissig Jahren den Freunden Unserer Kleinen Wissenschaft ein Forum bietet für die Präsentation neuer Erkenntnisse, praktischer Resultate und Erfahrungen aller Art und als Treffpunkt für Eingeweihte und Newcomer kaum mehr aus unseren Gefilden wegzudenken ist.

Für die diesjährige Ausgabe haben wir eine Reihe ausgewiesener Kenner gewinnen können, die mit wertvollen Beiträgen aufwarten, etwa Anselm Hänggis Aufsatz über die erstaunlichen Möglichkeiten verrotteter Nüsse, Ida Waldburgers Text «Steinbaum», ein Feature über den wahren Ursprung des bizarren Wetterleuchtens, welches in der jüngsten Zeit im Fricktal beobachtet wurde, Ida Hänggis Rezept für Ulmenkugeln, und schliesslich sind wir stolz, den Altmeister und Hohepriester der Schweizerischen Voodoobewegung, Flugbert Stalder, in dieser Ausgabe vertreten zu sehen - sein Bericht vom Umgang mit Karwendelkrautsäcklein, Karneolpulver und getrockneter Gallenblase ungeborener Hechtwelpen darf mit Fug und Recht zum Spannensten gezählt werden, was die hiesige Voodooliteratur in den letzten Jahren hervorgebracht hat.

mit Seesternrinde, Alraunenschmalz und einem herzhaften

Jauri!
Hauri!
Griguljaari-ho!

Ihr Uruk Gmünder
(VSVF Sektion Gasterland)

U. Gmünder

herausgegeben von der Vereinigung Schweizerischer Voodoofreunde
Postfach, 8143 Üetliberg

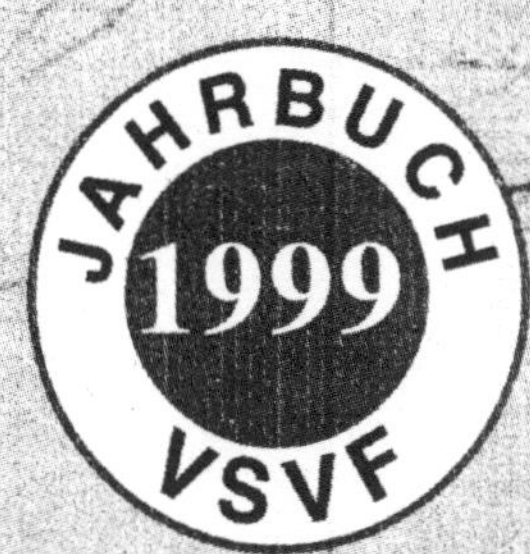

Der Voodoofreund

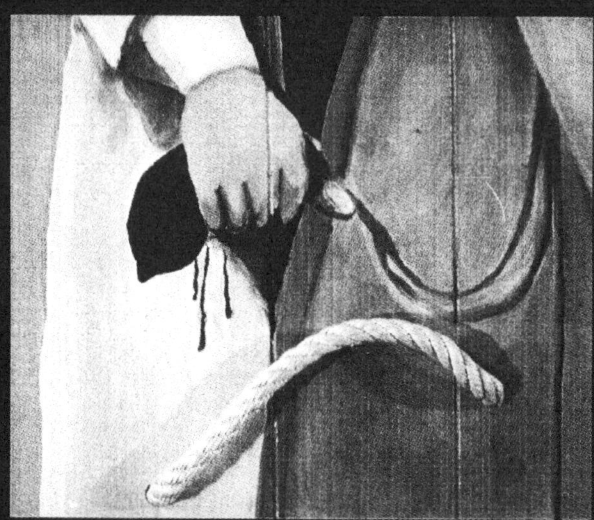

mit einfachen Anleitungen für jedermann

Die 99 schönsten Taschenspielertricks der Renaissance

Heimo Gilardi-Gellert

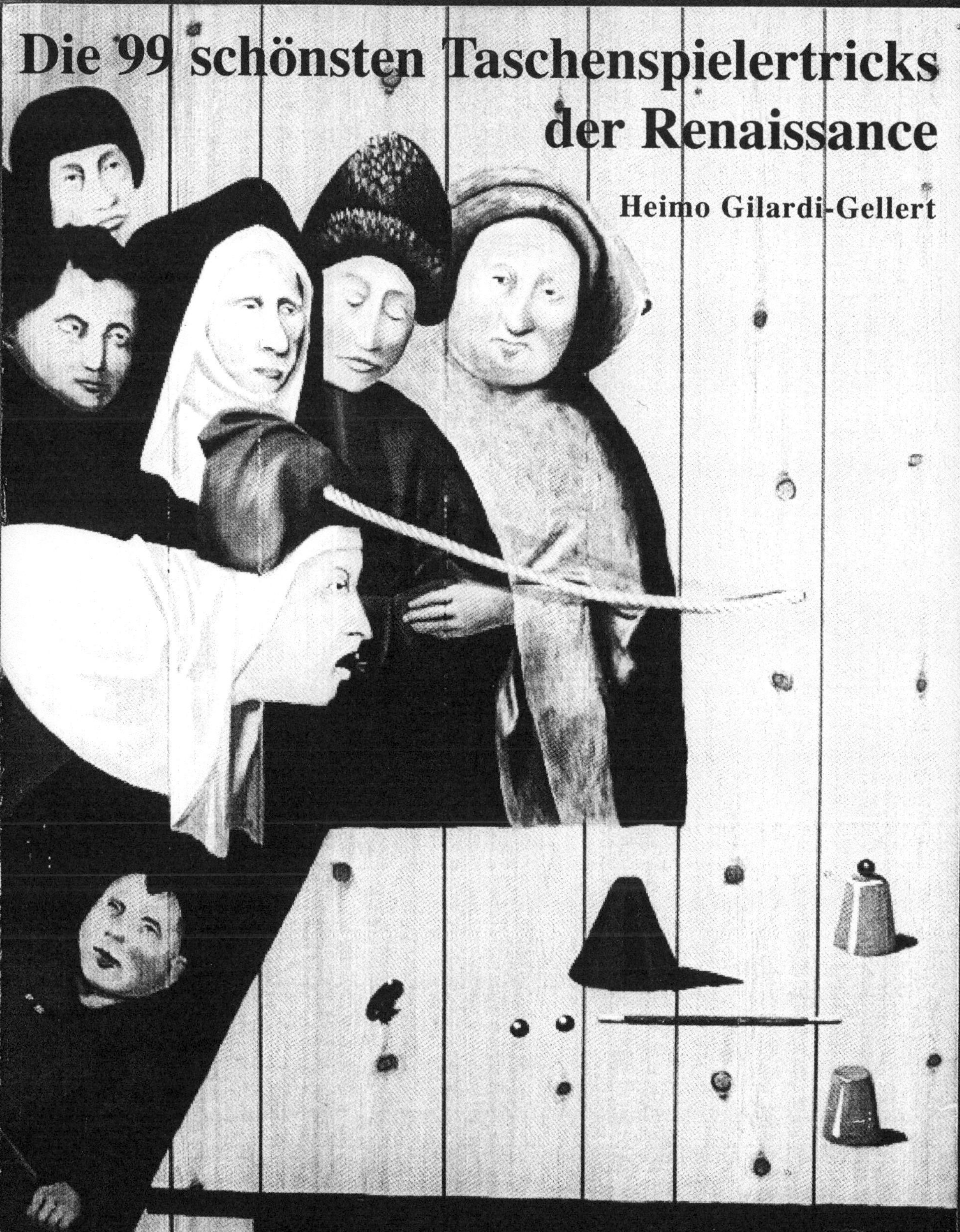

TASCHEN

Einige sagen, er habe im Spätherbst 82 eine Wohnung direkt über Casutt gemietet, wollen ihn im nahen Bannwald beim Einsammeln von Eibennadeln und Ulmenkugeln beobachtet haben, gar Hautkrümel Casutts habe er im Vorfeld jenes Abends im Treppenhaus fachkundig geklaubt, als um 23 Uhr 20 ein bilaakiger, jäher Feuk zwischen den Fassaden der Tschaslatschhalde 21 und 23 mit einem klagenden Laut, der sie grausig an Casutts Stimme erinnert habe, gegen die Nordostwand des Piz Gnaul hinaufgefahren sei.
Die die Häuser umstehenden Bergahorne jedenfalls zeigten am nächsten Morgen ein angesengtes Gefieder, und Proben des schweinfurtergrünen Schorfs, der von den Fassaden gekratzt wurde, schickte der brave Wachtmeister Caviezel ins chemische Institut Domat-Ems. Casutt aber war verschwunden.

Gian Flurin Huonder hat mit diesem Kriminalepos dem Bösesten aller Bündner, dem berühmtberüchtigten Meister Schorlü oder Schoglü, dem „Dunklen Mann vom Julier“, dem „Geck von Tinizong“, dem Gebieter über Hirschkäfer und ihre Larven, Munggen und ihre Welpen, ein epochales Denkmal geschaffen.

Iso Camartin, Radio Voodoo Rumantsch

aus dem Rätoromanischen von Menga Caduff

Gian Flurin Huonder

Meister Schoglü

Desertina

Wäär kenntnä niid, dr Chnorz... Äär tuet aube im Wäudli warte. Mä merkz de aube, wesde sochlei schtinkt hingerem Schöpfli. Är isch haut afe o nüm dr Jüngscht u es fuletem grüsäli ide Chnödä, de tüechz dr Chnorz de aubä säubr, äär beschtöng baud us nümme angerem aus us böösä Chnöi. Jaa, är isch ä Chnorz u het o einä, sisch wahr.

Wemmä schtiu isch u gnau lost, ächzez de o so chlei im Gschtrüpp. Das isch wenäär ungerem Schlehdorn düreggrüppet im Flischterlig, dr Schittrbiigi zuechä. Wobii äär weis eigetlech säubr nideso genau, was äär deert für Gschäfti het.

Chlei xeet dr Chnorz uus wie dr Nufrä Göttu, chlei o wienä Schtiuz. Das si o siner Ggusää. Aber si hei nümm so viu Kontakt. Dr Chnorz isch äbä baud am liebschtän älei.

Das Biudli, wo Diir ufdr Vordrsittä vo dämm Büechli xeet, ischdr Chnorz aus jung. Wo äär no a Feschtr isch u at Fasnacht. Und was äär aus so hett potte u erläpt derthie, das schteit i dämm Büechli.

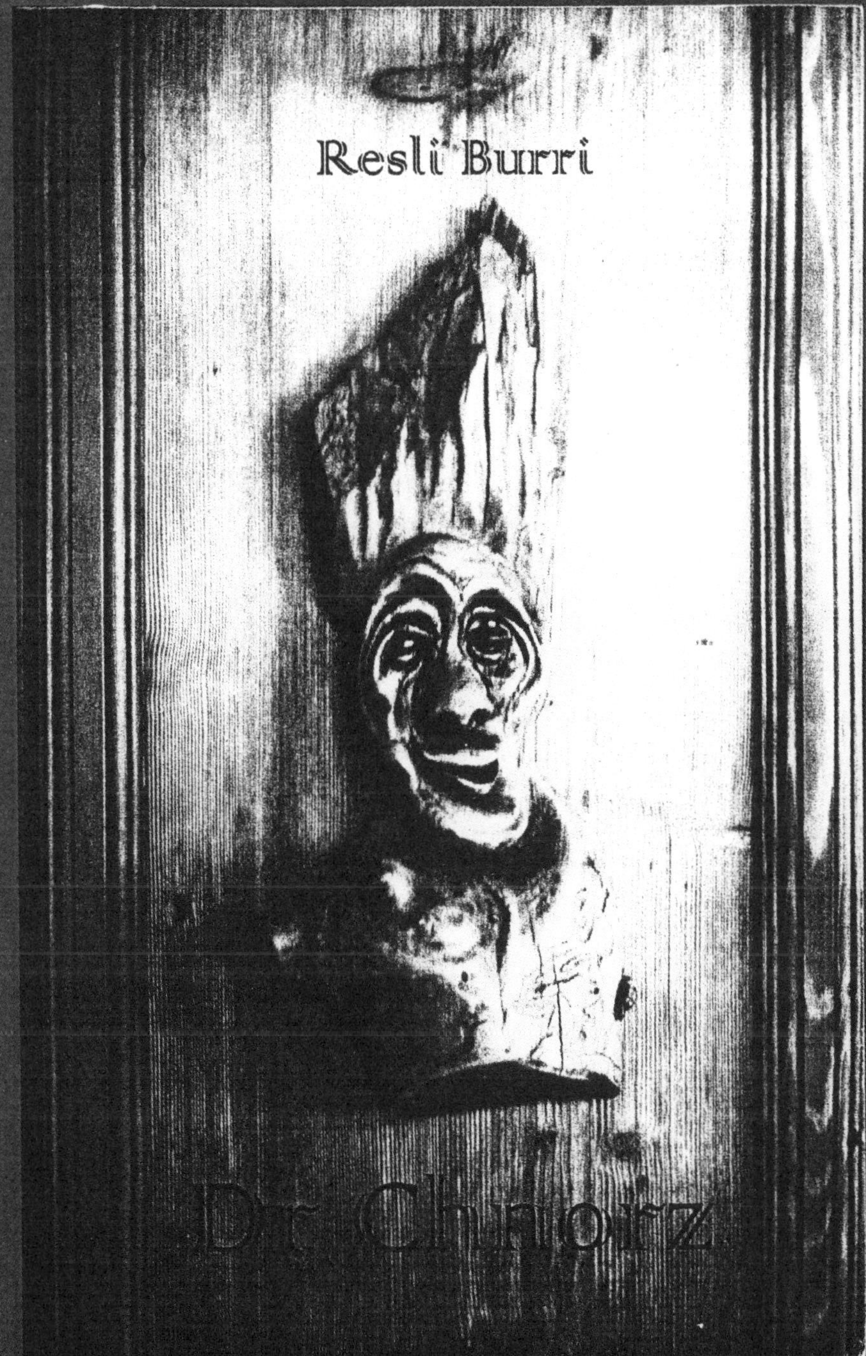
Resli Burri
Dr Chnorz

Kurz, kurz, lang, ja, kurz, ja, nein, jein, na, lang, lang ... der Versteher hat Zeit. Er lebt seit längerem hier. Sobald die Witterung abtrocknet, lassen sie ihn ins Freie, dann stelzt er ins Wäldchen hinüber, wo seine Hölzer sind, seine Knorze und Waldknochen. Es sind aber Telefone. Vor etwa sechs Wochen war er einmal sehr nervös. Tags darauf ist Doktor Jensen verunfallt. Da wurde das Dezernat zum ersten Mal auf ihn aufmerksam.

Gudrun Strunk

Der Versteher

Roman

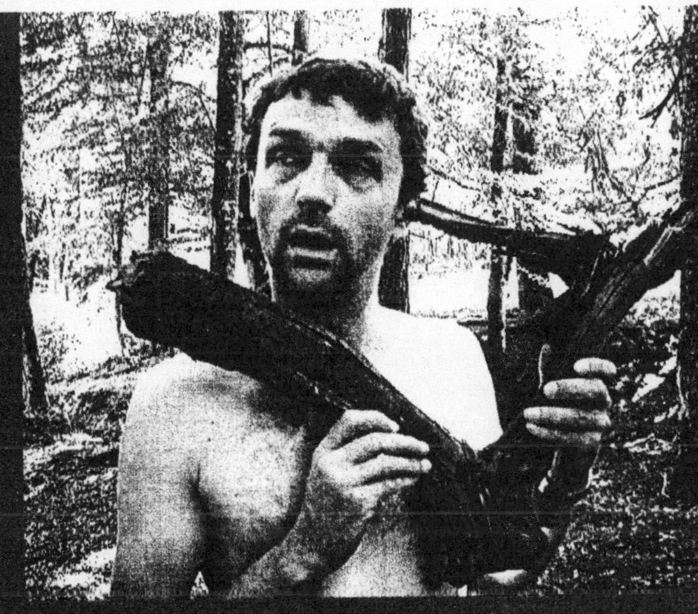

Amnesia

Wie sie wohnen, ihre Dächlein und Vorräte decken, wo sie ihre Ulmenkugeln finden und warum, wen sie lieben oder fürchten, die lieben Rehlein, Rotkehlchen und Bachstelzen nämlich, oder eben die gehässigen Dachse und verschlagenen Füchse, ganz zu schweigen vom bösen Zauberer Schorlü, der ihnen regelmässig vergiftetes Baumpech auf die Türschwellen streicht, das sie jedesmal mühsam mit Tannenmilch wegwaschen müssen, des weiteren, wie sie ihre Feste feiern, gar lustig singen und tanzen, dass der Strunk wummert!
Wobei es auch Arbeit gibt, zuvörderst die Nahrungsbeschaffung, Buchennüsschen einsammeln, schälen und trocknen, Baumpilze einlegen, Tannenschösslinge melken, auch die Stollen im Stand halten, Täfer gegen die Feuchtigkeit beizen, und Schnitzen, Schnitzen!
Und oh, ihre Spiele, die sie in langen Winternächten weit unterm Frost in ihren warmen honiggelben Stübchen und Sälchen spielen! Das Kugelnspiel etwa, oder das Nasenstübern, der Weckentanz, das kurlige Räumern, bei dem Rosie letzthin einen Lachanfall eingefangen hat, der über drei Stunden dauerte!

ISBN 3-905509-49-0

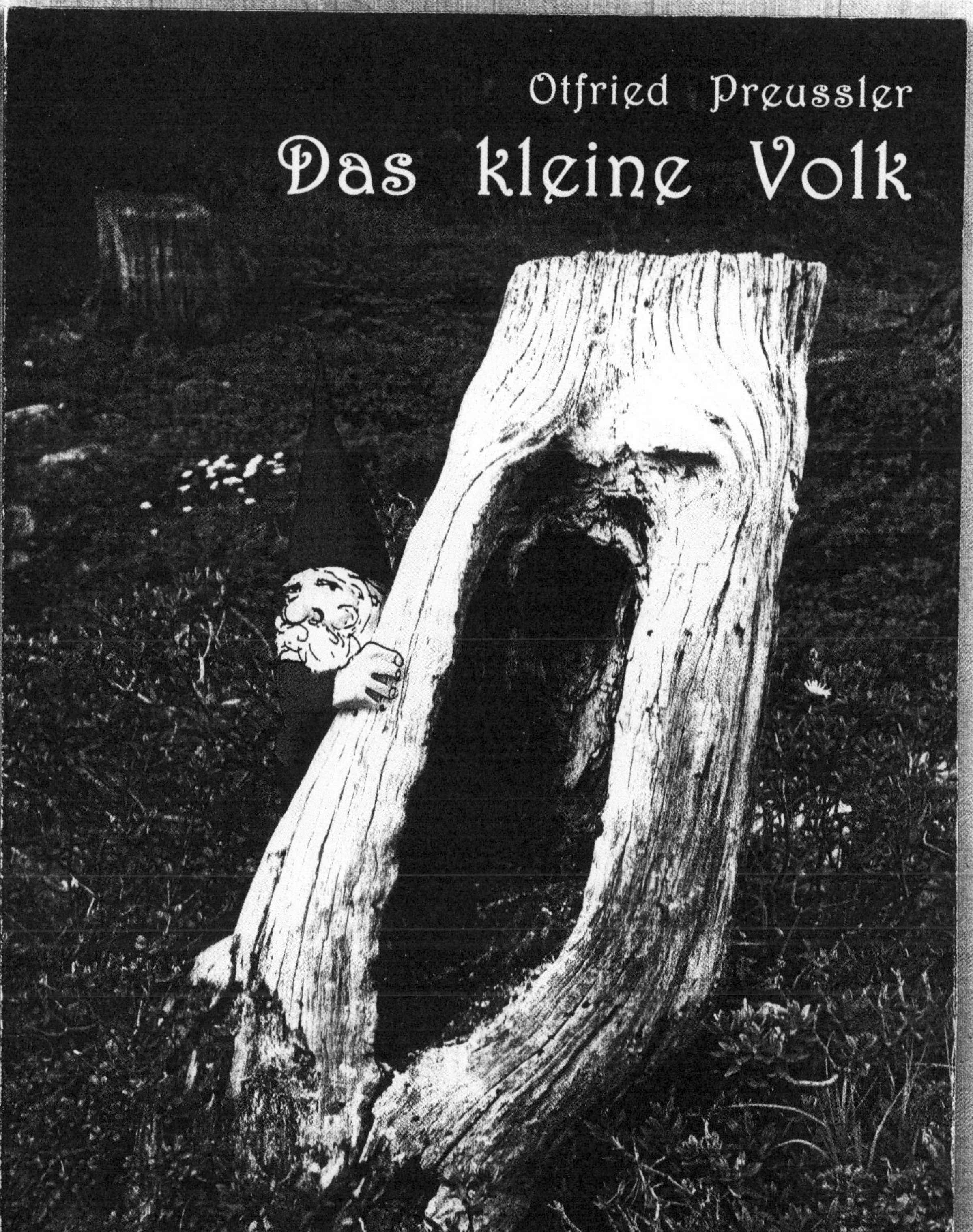

Otfried Preussler

Das kleine Volk

CARLSEN

mit freundlicher Unterstutzung des Kantons Kanada
009993 100410

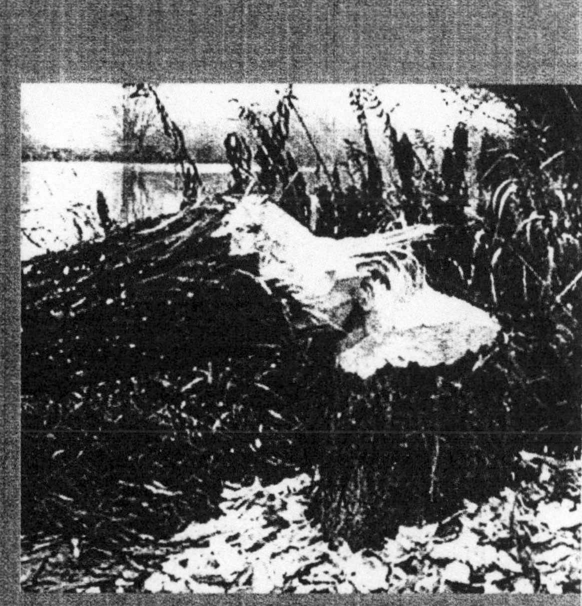

John F. Kraftriegel

Der Hungerast

ein Ratgeberlein

mit freundlicher Unterstützung der Kantone Aargau und Thurgau

009993 100410

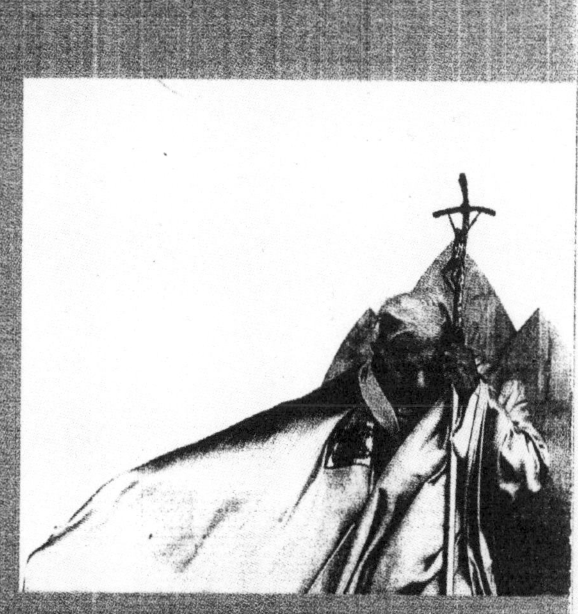

Meinrad Rohner
Der Büsserfalter
ein seltenes Tier

mit freundlicher Unterstützung der Kantone Aargau und Thurgau

Jochen Förster

Der Waldrochen

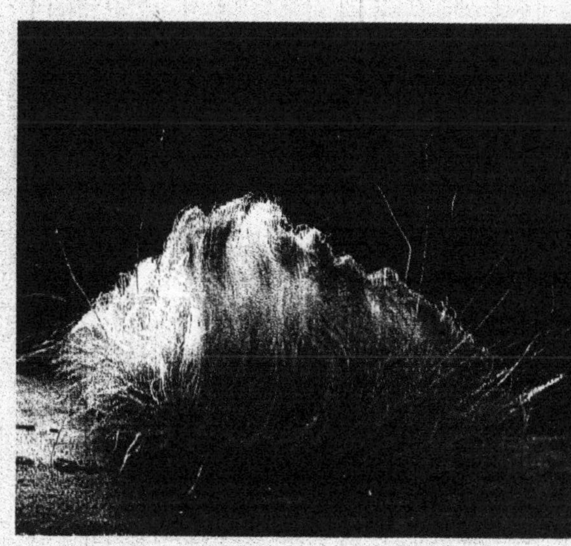

ein seltenes Tier

Helwing Taschenbücher

Gesamtauflage
mehr als 4 Millionen

Zur schnellen Information, zum ständigen Gebrauch

Botanik	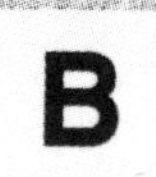	Vegetationszonen, Pflanzenbestimmung, Pflanzenkultur und -pflege, Gartenkunde
Zoologie	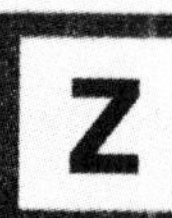	Heimische und exotische Tiere, Tierbeobachtung, Tierpflege, Tierbestimmung
Geographie	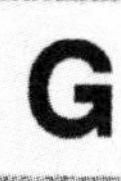	Gesteine, Minerale, Versteinerungen, Gewässer, Wetter, Weltraum, Sterne
Kunst	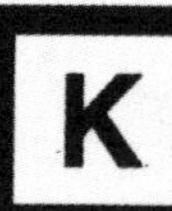	Kunst- und Kulturgeschischte, Architektur, Kunstgewerbe, Techniken der bildenden Kunst
Hobby	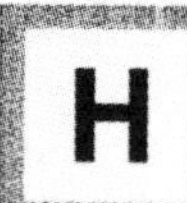	Sport, Fotografieren, Filmen, Sammeln, Spielen, Wohnen, Küche und Keller
Technik	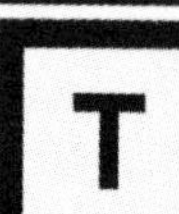	Fahrzeuge, Flugzeuge, Schiffe, Erfindungen, Chemie, Physik

Helwing
Taschenbuch
127
Zoologie

Der Buchfink

Verbreitung, Brut, Pflege

Georg Rutishauser

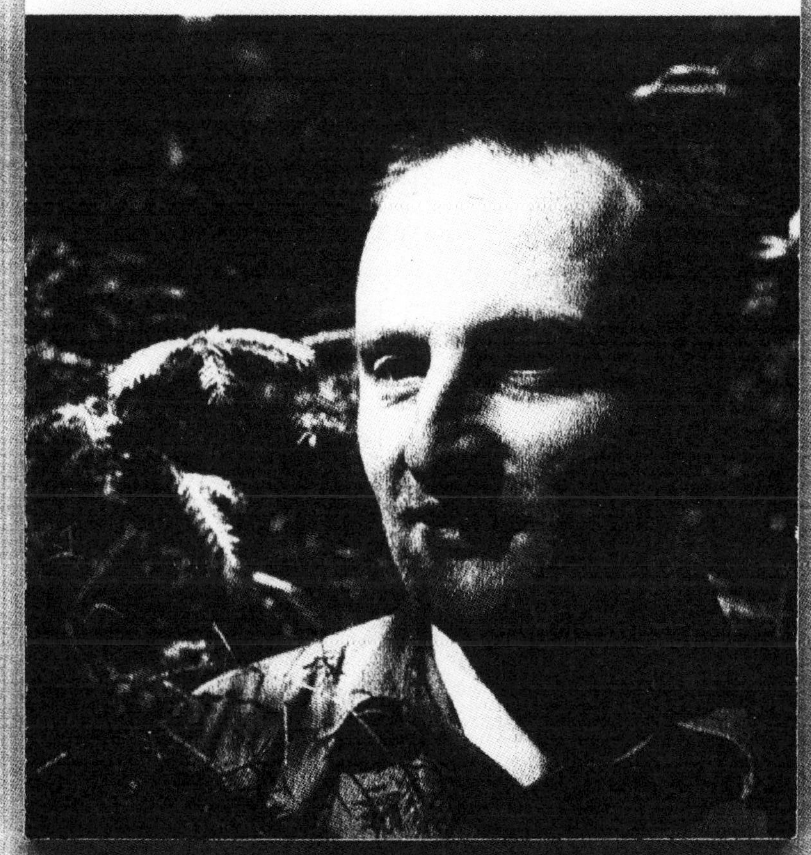

Ende Mai böckt der Wachtelhäher
auf ihren getüpfelten Eiern des Weibchens.
Der Sackhüpfer benötigt Jute für ihr Nest.
Einmal vom Menschenauge berührt,
verschmäht der Mimosensittich seine Brut
- kein Interesse mehr.

Im Oktober glänzt das Gefieder
des Stanjolpirols
in der Luft über Jütland
- auf nach Marrakesch!
Der tarnscheckige Büxnschreck
benötigt das ganze Jahr Schrot,
um den Vogel abzuschiessen -
Graupelkleiber, Boltenkiebitz
und Kugerlsittich,
seid auf der Hut!

H.C. Artmann

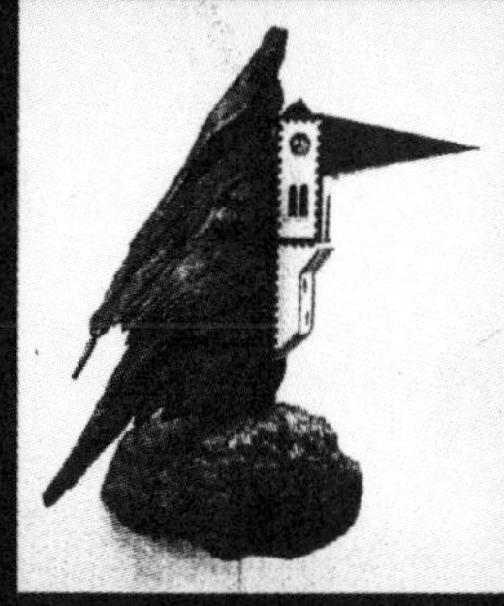

Kleinstmögliche
Vogelkunde

Droschl

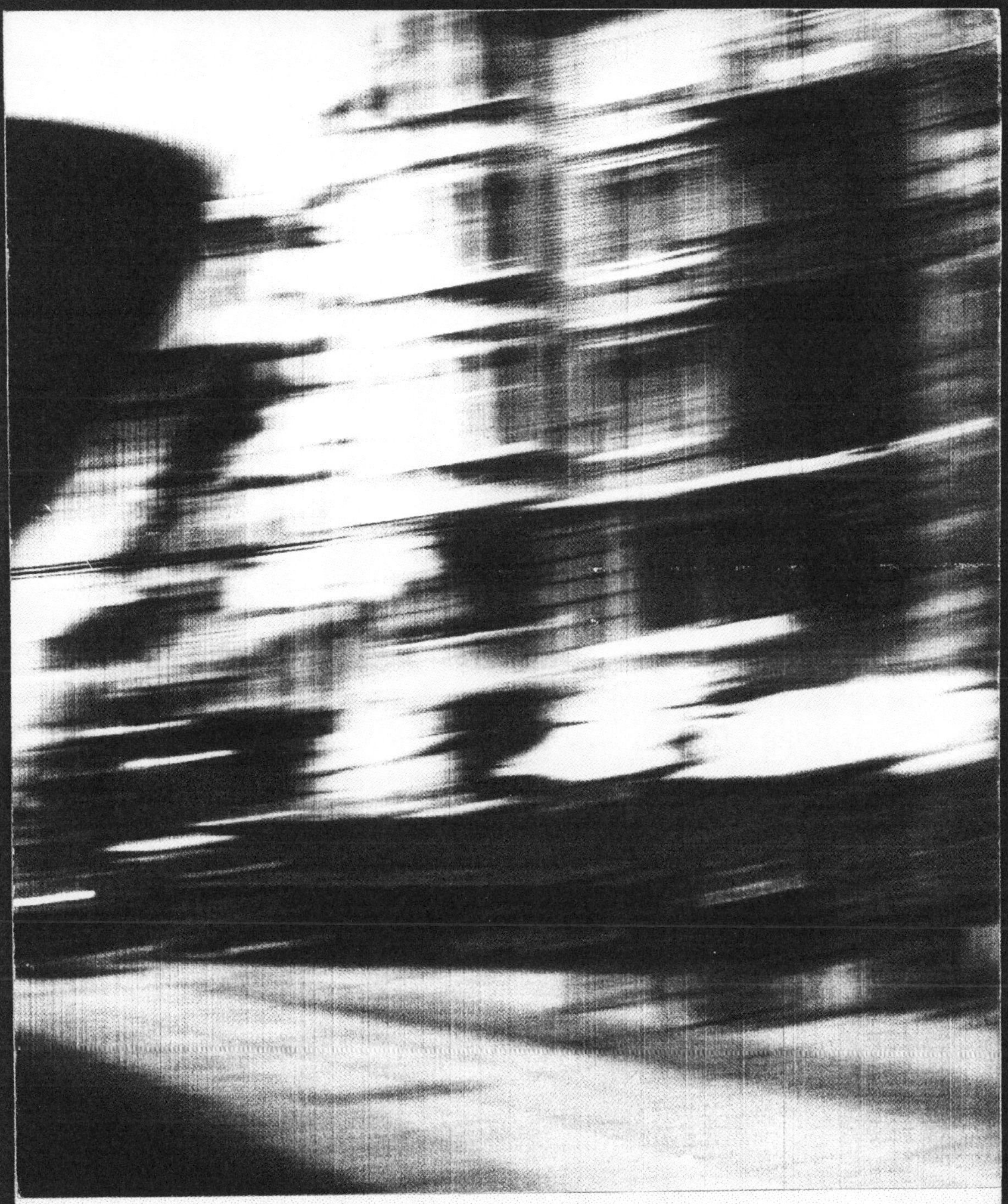

Inge Stammheim

Unser einheimischer Wald

ein Silva-Buch

Die vorliegende Neuauflage der *Tier- und Pflanzenarten an den Küsten Europas*, ein Standardwerk des wilhelminischen Zoologen Ernst Haeckel, ist ein Geschenk des Algenverlags an den grossen deutschen Schriftsteller Benno von Arcimboldi alias Hans Reiter, den dieses Buch durch seine Kindheit an der Ostsee begleitet hat.

Der Leser watet mit dem kleinen Hans gleichsam nochmals durch das preussische Watt, über welches das Gekicher der Ringelrobben hingeht, entdeckt mit ihm Bärte von Finger- und Schotentang, sammelt die Häuschen von Schwammschnecken und Seerinden ein, Ostseesterne, die Hans mit nach Hause nahm, um sie im Waschbottich seiner Mama auszusetzen, entdeckt mit ihm Witwenrosen, Seepocken, huschende Schatten von Gespensterkrabben, taucht mit hinab in die stille grüne Welt der Heringe, Wittlinge, Klieschen und Schollen, staunt über die wogenden Felder aus Seenadeln, die von Meerasseln, Seescheiden und Neunaugen bewohnt werden, von den lieben Sandgrundeln, darüber schwärmen Seehase, Steinpicker und Groppe, ganz selten der Rote Knurrhahn! - ach, Ukelei, Stint, Döbel und Quappe, wo seid Ihr geblieben?

Ernst Haeckel

Tier- und Pflanzenarten an den Küsten Europas

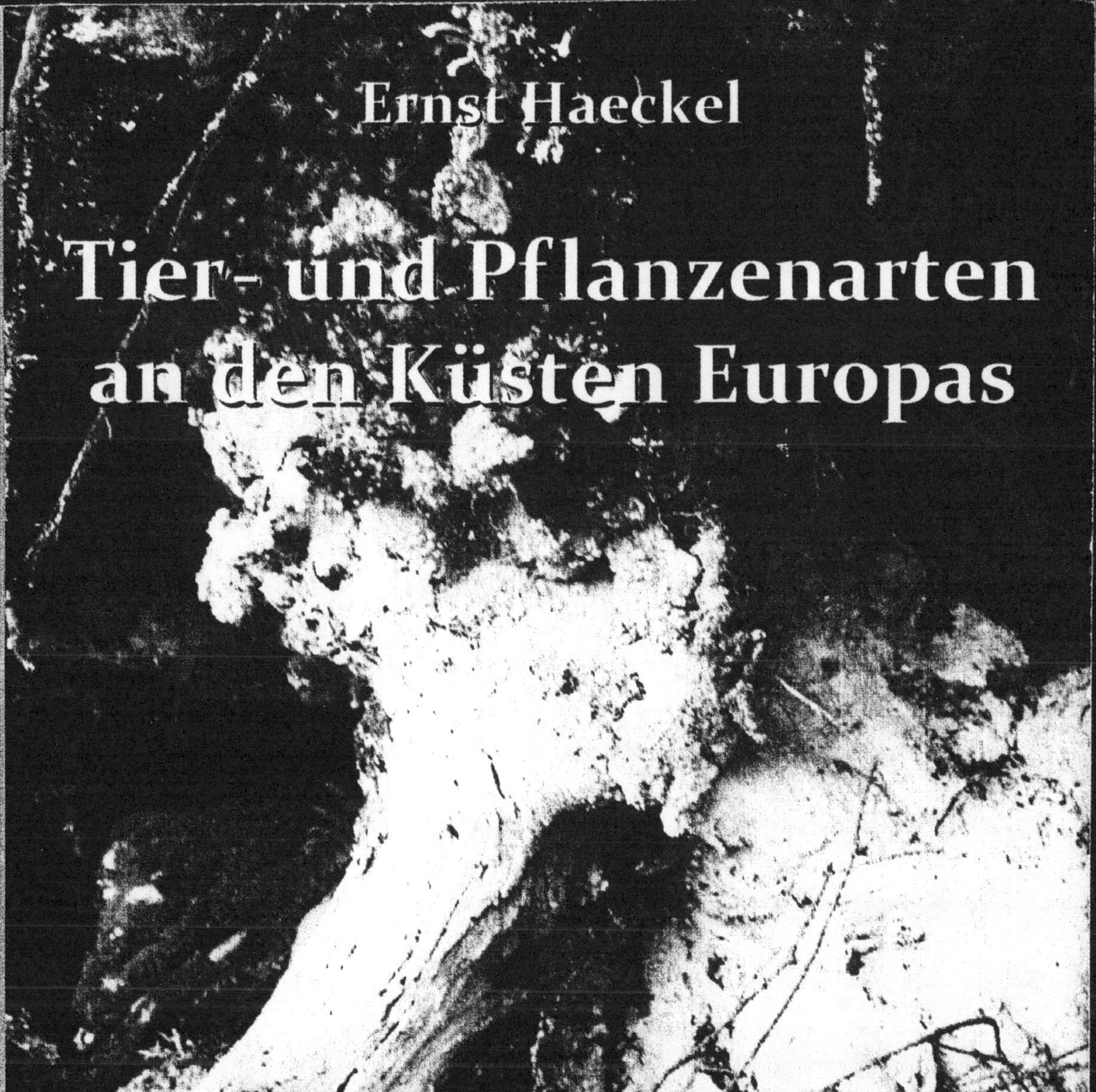

Algen

Der bayrische Landadelige Heimito von Strunk weilt auf dem Landsitz seines alten Freundes und Verbindungskameraden Erwin Wolpertinger. Es gibt grosse Wildschweinstücke auf dem Feuer, mehrere Knödelarten, und nach etlichen Jägermeistern berichtet Wolpertinger von den eigentümlichen Geschehnissen, die in manchen Nächten seine Tiersammlung im Ostflügel des Schlosses heimsuchen sollen.

Der ungläubige Heimito drängt seinen Gastgeber schliesslich, einer launen Flause folgend, ihn eine Nacht lang dortselbst einzuschliessen, um sich selber von den Unerhörtheiten, die auf diesem Buchdeckel nie und nimmer Platz hätten, zu überzeugen.

Ölig heitere Kurven durch die langen, hohen, brockatdunklen Flure beschreibend, gelangen sie weit nach Mitternacht zur Pforte des besagten Kabinetts mit seiner Sammlung, das Stücke birgt:

Präparierte Wormser Eber, Hirschköpfe und Geweihe sonder Zahl, getrocknete Krokodilsmäuler, die zur Zeit des Dreissigjähigen Krieges vom Zweistromland über Konstantinopel zu Wolpertingers Vorfahren kamen, ein ausgestopfter Lindwurm aus der Mandschurei, unter der Decke umschwärmen siebenbürgische Fledermäuse den gelbledernen Ubootrumpf eines brasilianischen Kaimans, der hochseltene Vampyroteuthis infernalis schaut glasig aus seiner uralten Ätherbuddel.

Wolpertinger zeigt seinem neugierigen Gast noch das Schnapskästchen und, für den äussersten Notfall, seine Pfeffermusketen, und sperrt hinter ihm zu...

Der Überammergauer Jäger

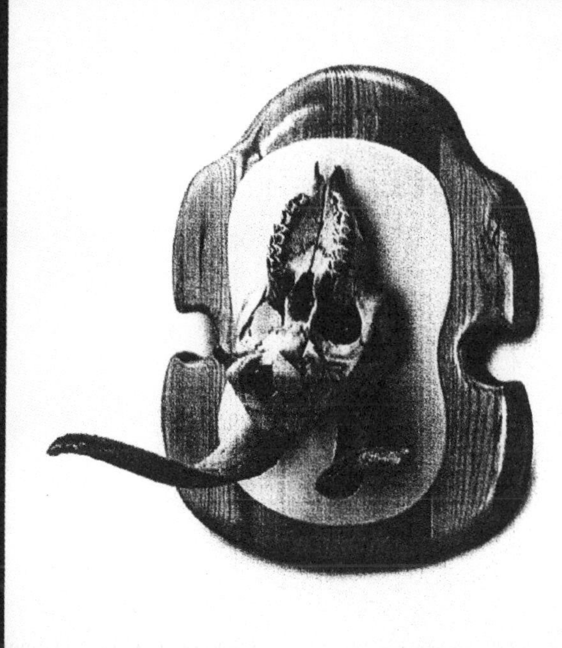

Benno von Arcimboldi

Südhalbkugel

Rizzoli Editore Milano

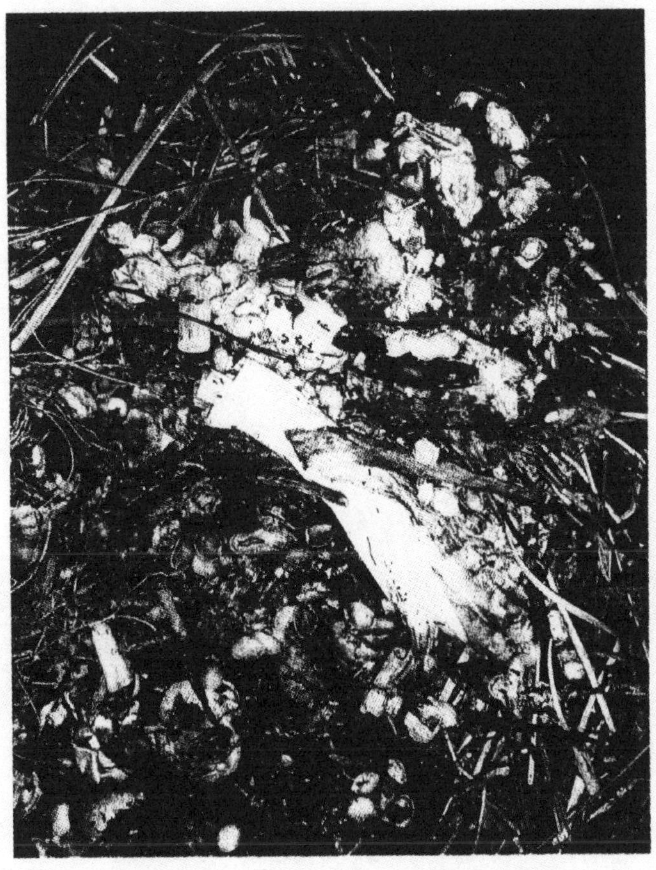

Arcimboldo

e il suo tempo

Mario Praz

ISBN 3-905509-49-0

9 783905 509496

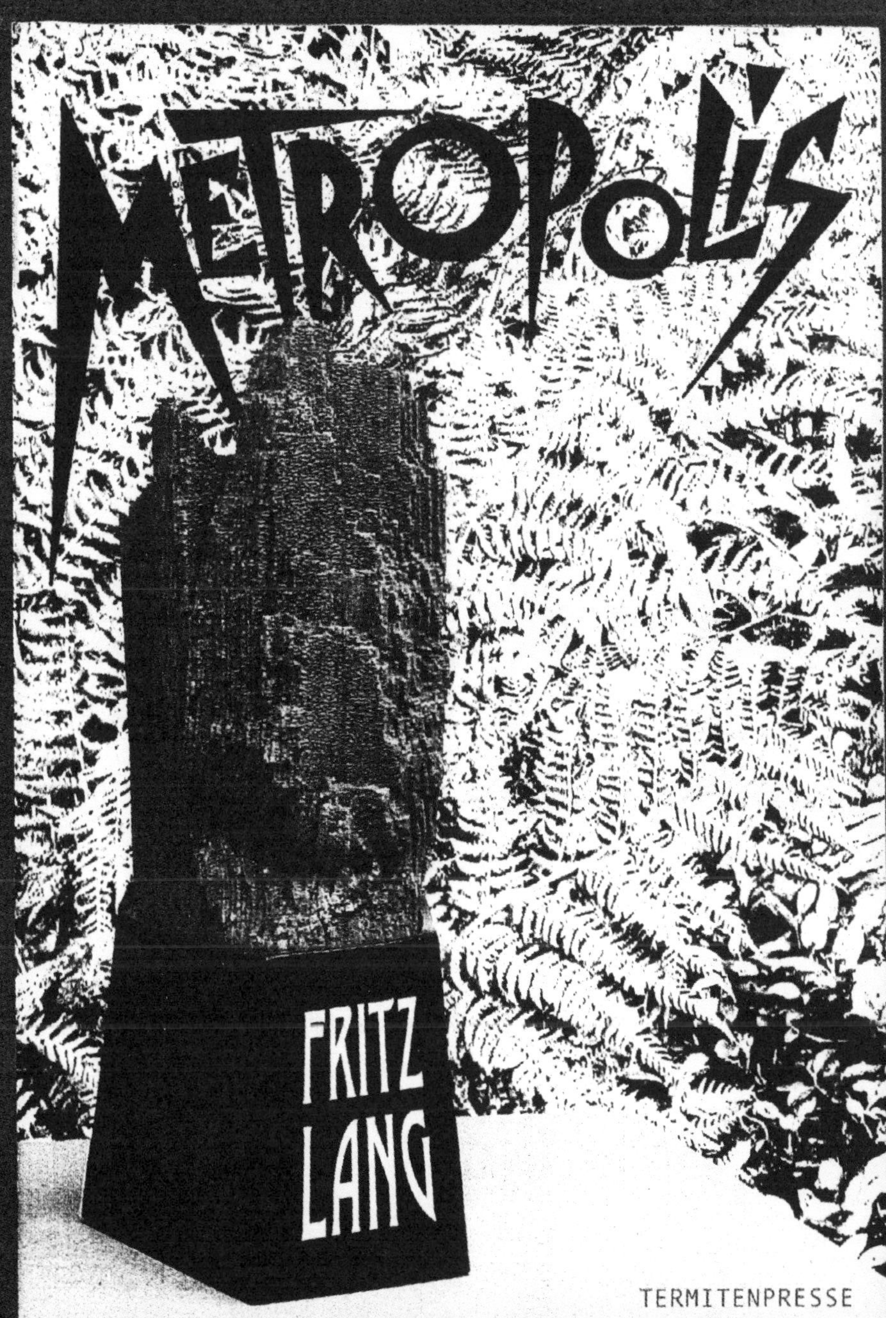
METROPOLIS
FRITZ
LANG
TERMITENPRESSE

Through the political Gleichschaltung of the security forces and the secret service, the manipulation of the means of communication, the suppression of the intellectual elite and the ruthless persecution of his political opponents, Humpty Dumpty soon acquired complete control of the entire region all the way down to the large fir stump next to the creek.

children's book of the year 1932!

ISBN
2-909242-01-3

William Golding

Lord of the Moss

Sponge

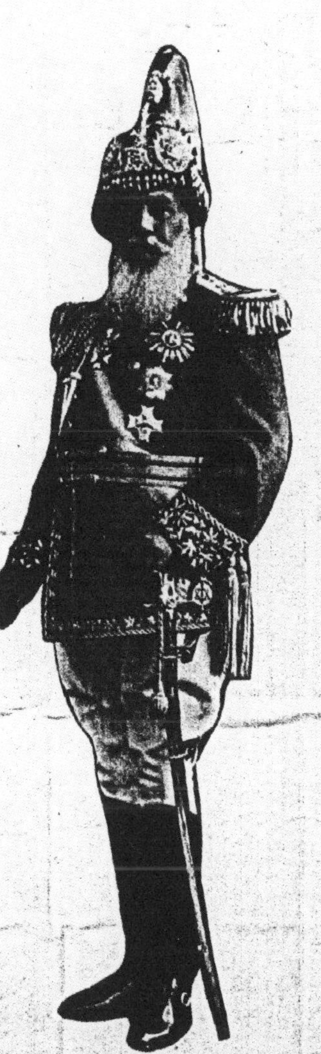

Gut' Ding wollt Weile haben, doch nun liegt es als Prachtsbändchen vor uns: Das von Klaus Völker umsichtig edierte und von Jeanne Hersch illustrierte Reisetagebuch des legendären Bakteriologen Doktor Alfred Ilg, seiner gefahrvollen Fahrt zu myriadenen Schwammvölkern, horizontüberufernden Ekzemen, durch tückische Ödemverwerfungen, Brandwassertümpel und Miasmenbasen, zu uralten Madentempeln und Städten aus Schorf, nur begleitet von seinem treuen Riecher Alfred, der ihn im Sommer 1896 durch einen Zufall zur Entdeckung des Tsetse-Fliegenpilzes führte.

Nicht nur dem Dermatologen, auch der abenteuerlustigen Jugend sei dieses Buch weise und gütig in die Hände gelegt!

Karl Ilg, Präsident der Internationalen Alfred Ilg – Gesellschaft

Jules May

Der General in der Träne

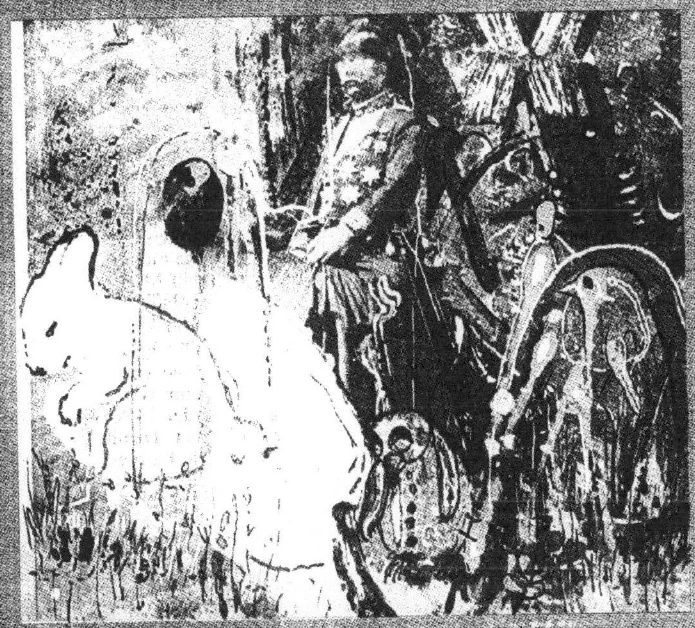

Yellow Submarine

„Jedes Jahr zum Abschluss der Hirseernte, wenn die Karawanen und neuerdings die Eisenbahn nach Djibouti abgehen, nimmt der grosse Kaiser Menelik auf seinen mit Leopardenfellen gepolsterten Thron Platz, umgeben von seinen zwölf Lieblingsfrauen, seinen vierundzwanzig Leibdienern, den zweiundsiebzig Stammesfürsten seines Reiches. Eine Art Reuse oder Raumkapsel aus Weidengeflecht wird über sein über und über gemustertes Kaiserwams gestülpt. Auf diese Art will Menelik seine einstige Abreise in eine andere Welt vorfeiern, in welche er in seiner rituellen Monadenkapsel zu entschweben sich vorstellt. Aber anders als seine nubischen Vorfahren weiss er: man kann *nichts* mitnehmen!"

Endlich liegt diese packende Schilderung der Kabalen am Hof des grossen Abessiniers vor. Ilg, der Menelik diplomatisch zur Seite stand, als es galt, sich nicht von den italienischen Kolonialisten übervorteilen zu lassen und doch ausgebootet ward, hat uns das gültige Geschichtswerk über Haile Selassies Grossvater hinterlassen.

Wilson Kipketer, The Katechet

ALFRED ILG

MENELIK

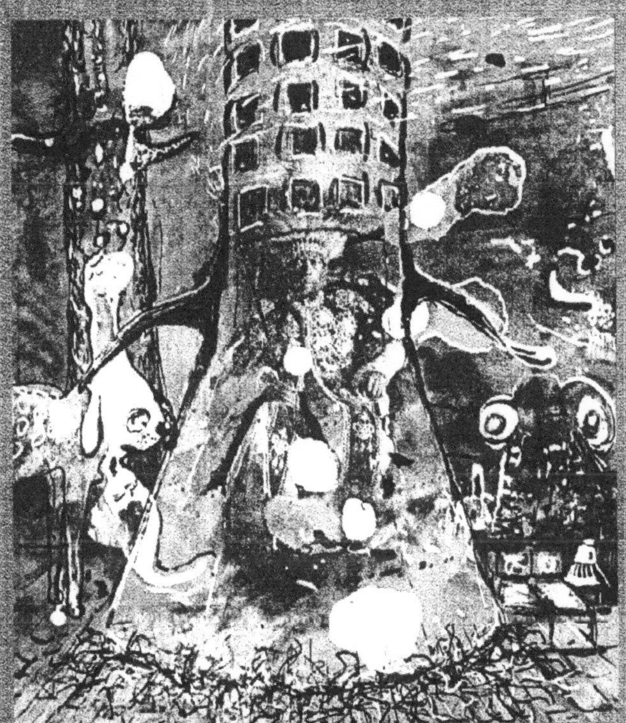

NOMADIS

„...Die spinnen, die Amis! Sogar Leute wie Dylan oder Waits sind offenbar nicht um unseren Herrn Jesus herumgekommen, von Figuren wie Travolta oder Cruise ganz zu schweigen, und jetzt eben David Lynch, den das Meditations- und Spenden- und Turm- und Lagerbaufieber befallen hat. Und es dann immer ganz doll in alle Welt hinaustragen...

... Sie haben halt einen Hau, ist halt so eine Siedler- und Sektennation, wollen immer noch eine Kirche dazugründen und ziehen fundamentalistisch gegen Fundamentalismen zu Felde...

...soll ja nun nicht Wasser auf die Mühle des Taliban sein, aber ich lobe mir schon die gute alte europäische Agnostik, in der Leere, die da ist, bleiben wollen, sie aushalten, genug haben an ihr..."

Hansruedi Zweifel im Gespräch mit D.S.

„Ach der Mensch, das grosse Weltgenie,
Ob Liebe, Kult, ob Kunst, ob Philosophie,
alles gerät ihm zur Industrie."

aus: Abælard Roland - *Das Sektenlied*

„...Denn für dieses Leben ist der Mensch nicht schlau genug..."

aus: Brecht/Weill - *Die Dreigroschenoper*

DAVID SIEVEKING

DER HOLZWEG™

SEKTENTESTER

In der Höhle tropft es, Stanley, auch riecht es ein bisschen nach Bier, seltsam, wie denn das? Und in dieser Spalte fühlt es sich fast fettig an, klebrig, und doch wieder glitschig;

weiter hinten, in der „Kapelle“, giesst Emmo Wachs in eine Spiralwanne, das Wachs kommt auf Holz- oder Steinböden zu liegen;

Stein wird von der armen Weberstochter noch in der Grotte zu Mehl zermahlen und strahlt würenlos, in Säcklein verpackt, der Apotheker schwört darauf;

oben, an der Erdoberfläche: die Wüste lebt, Sand birgt Hitze für die Skarabäenkugel, die wertvoll ist, die Ginsterwurzel will zum Grundwasser hinab, es knarrt in ihrer Astgabel, der Hohlraum kann mit Werg ausgegossen werden und darf später in die Vitrine, wo auch er strahlt;

unter dem Herd hat es Fusseln von Jahrzehnten, Sonnenlicht findet irgendwie in den vergessenen Lüftungsschacht, fällt auf Spinnweb, Wunder der Schöpfung, im Gulli kreist ein Hundeköttel, bevor das Loch im Loch ihn einschlürft, von den blinden Augen einer staubtrockenen Kröte beobachtet,

schliesslich ein Italiener, der tunkt eine Jutewurst in die Brandung (für Marisa), und ein Anästhesist erinnert sich plötzlich wieder an -

und schreibt ein Buch über Holzplastik, Sakralholzplastik.

Walt Disney

DIE HÖHLE SCHMILZT

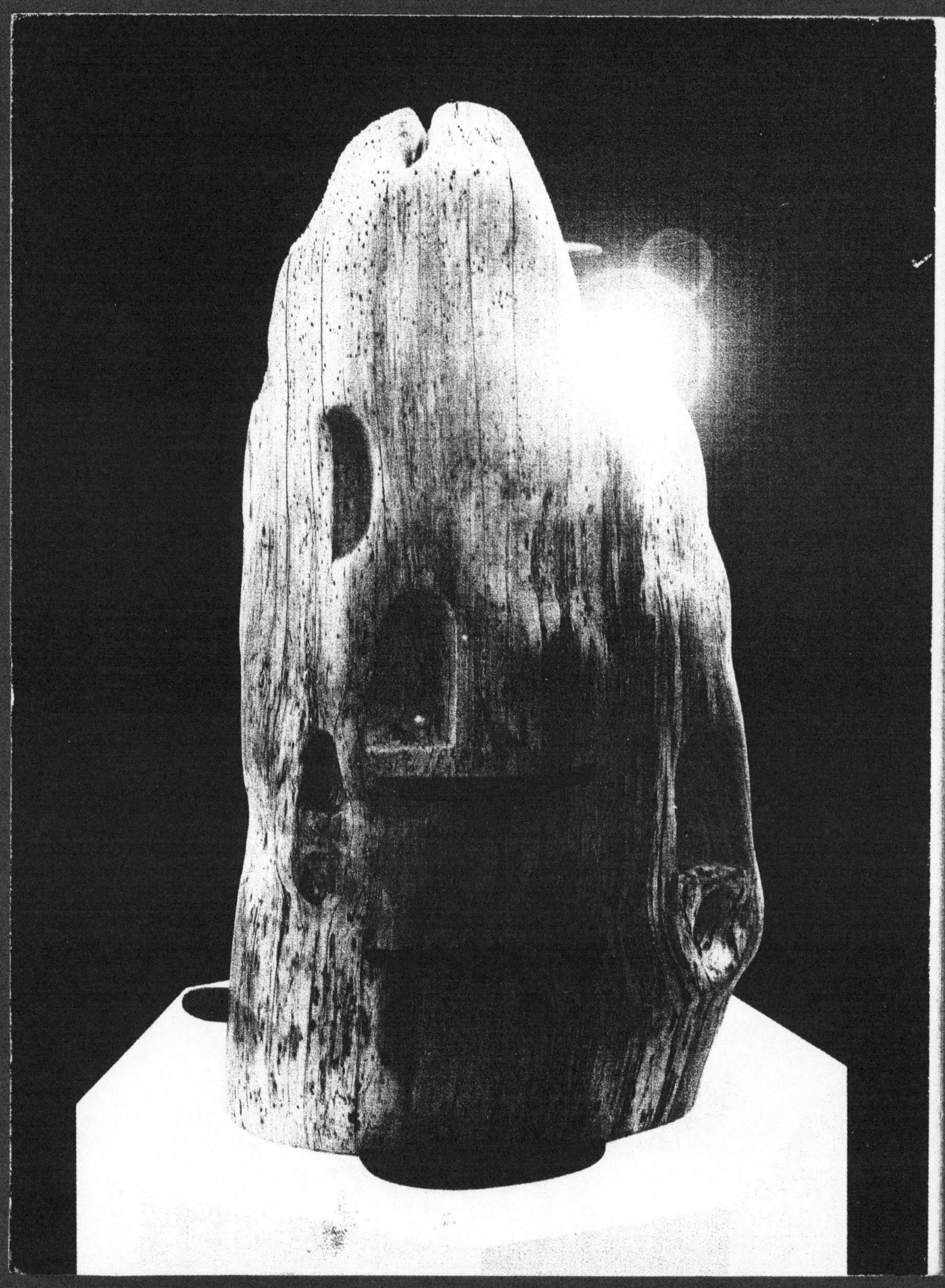

SAKRALHOLZPLASTIK

Georg Mitrohin

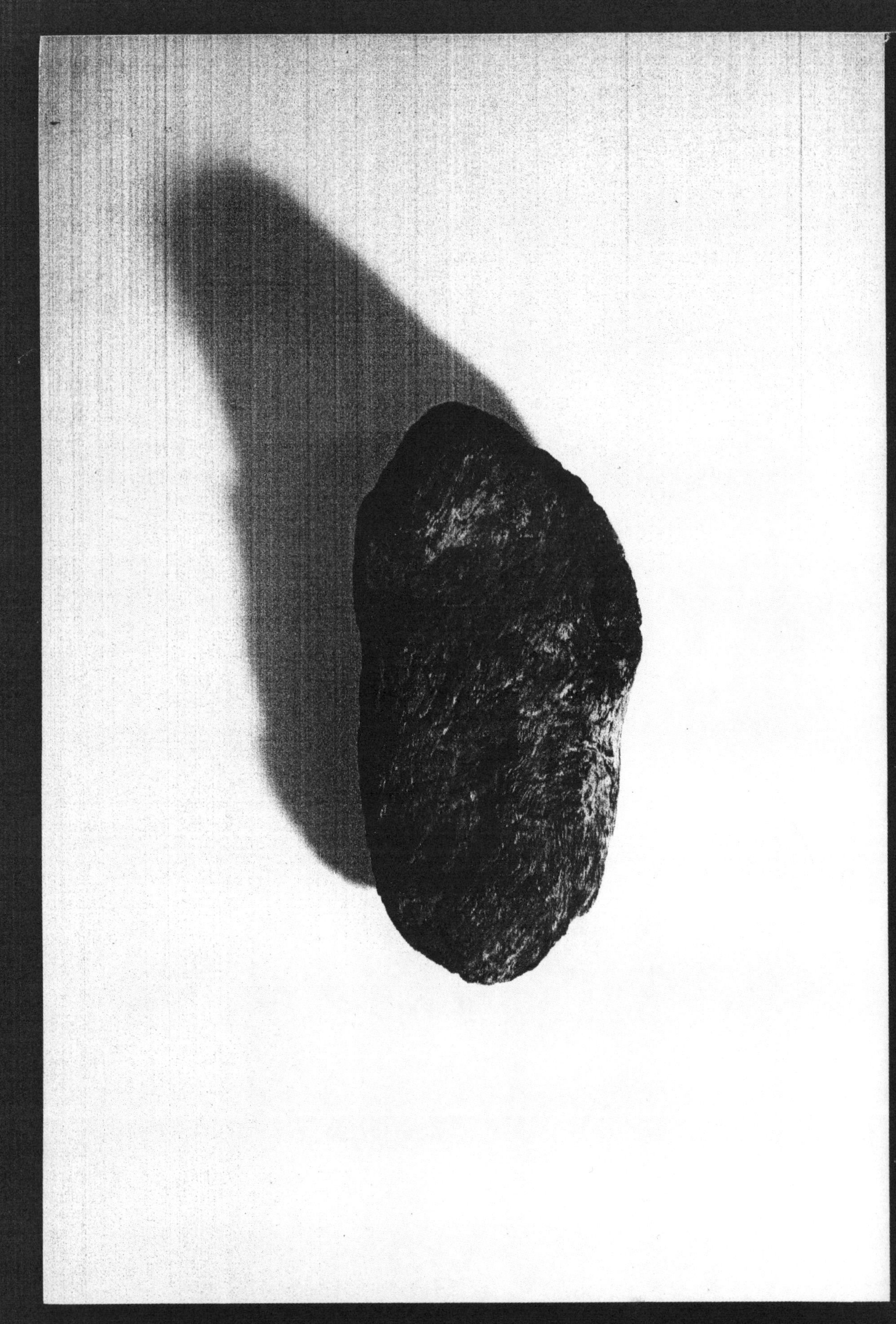

Lee Kotlean
Richard Shakes

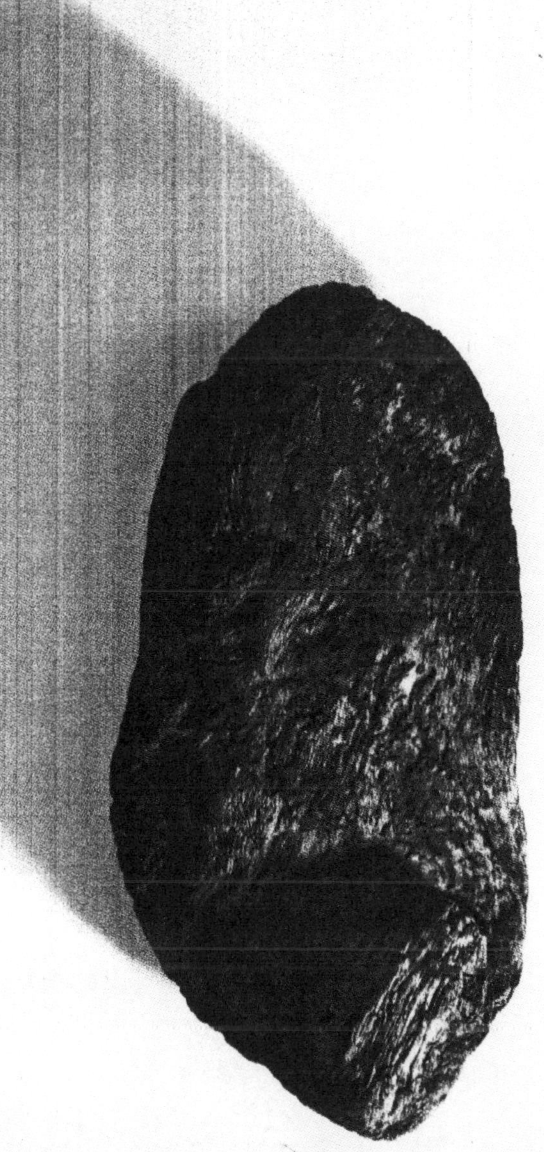

Inuit Masks

Aurora Borealis

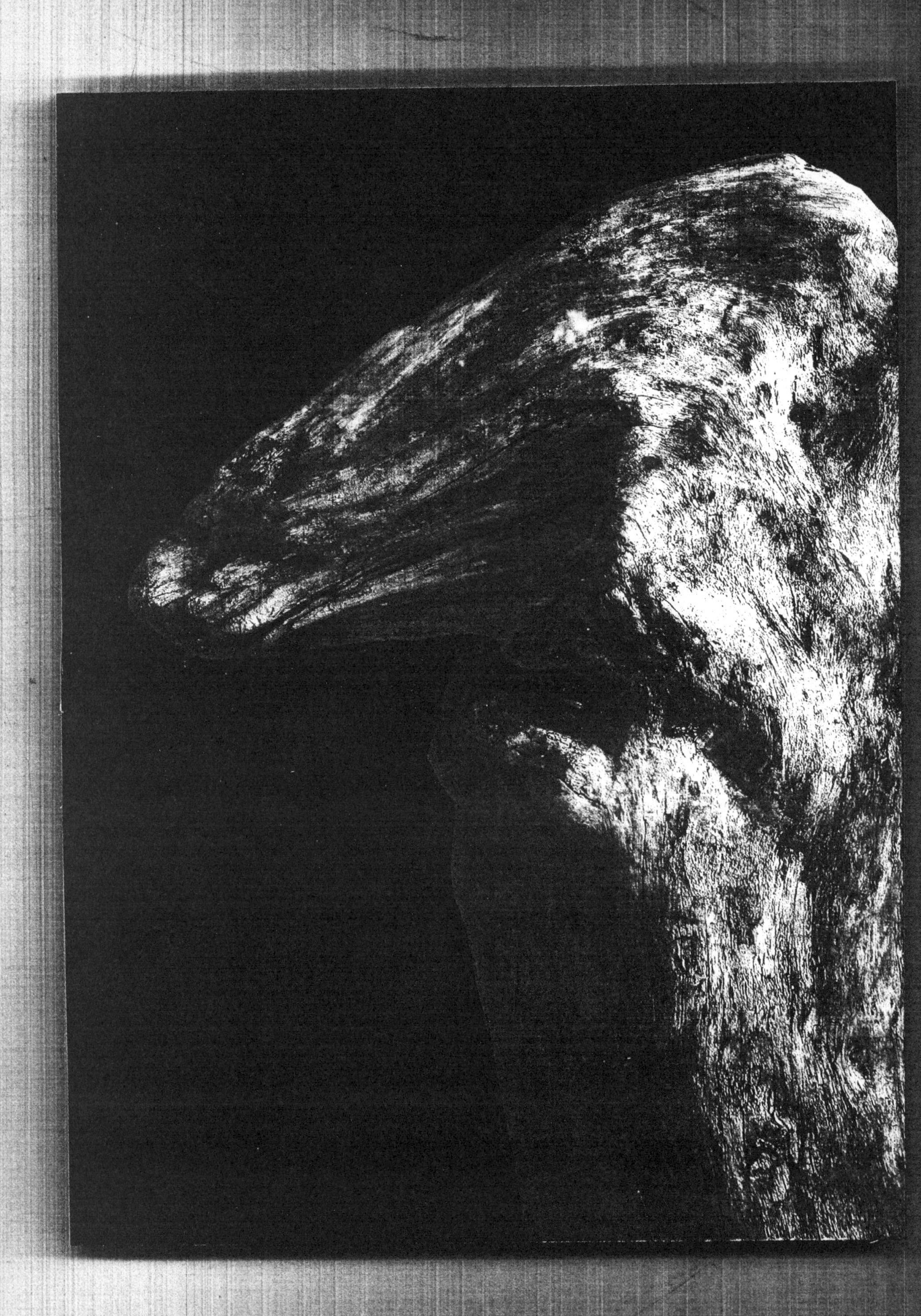

Hilar Stadler

Riemenstalder Masken

Museum im Bellpark Kriens

mim

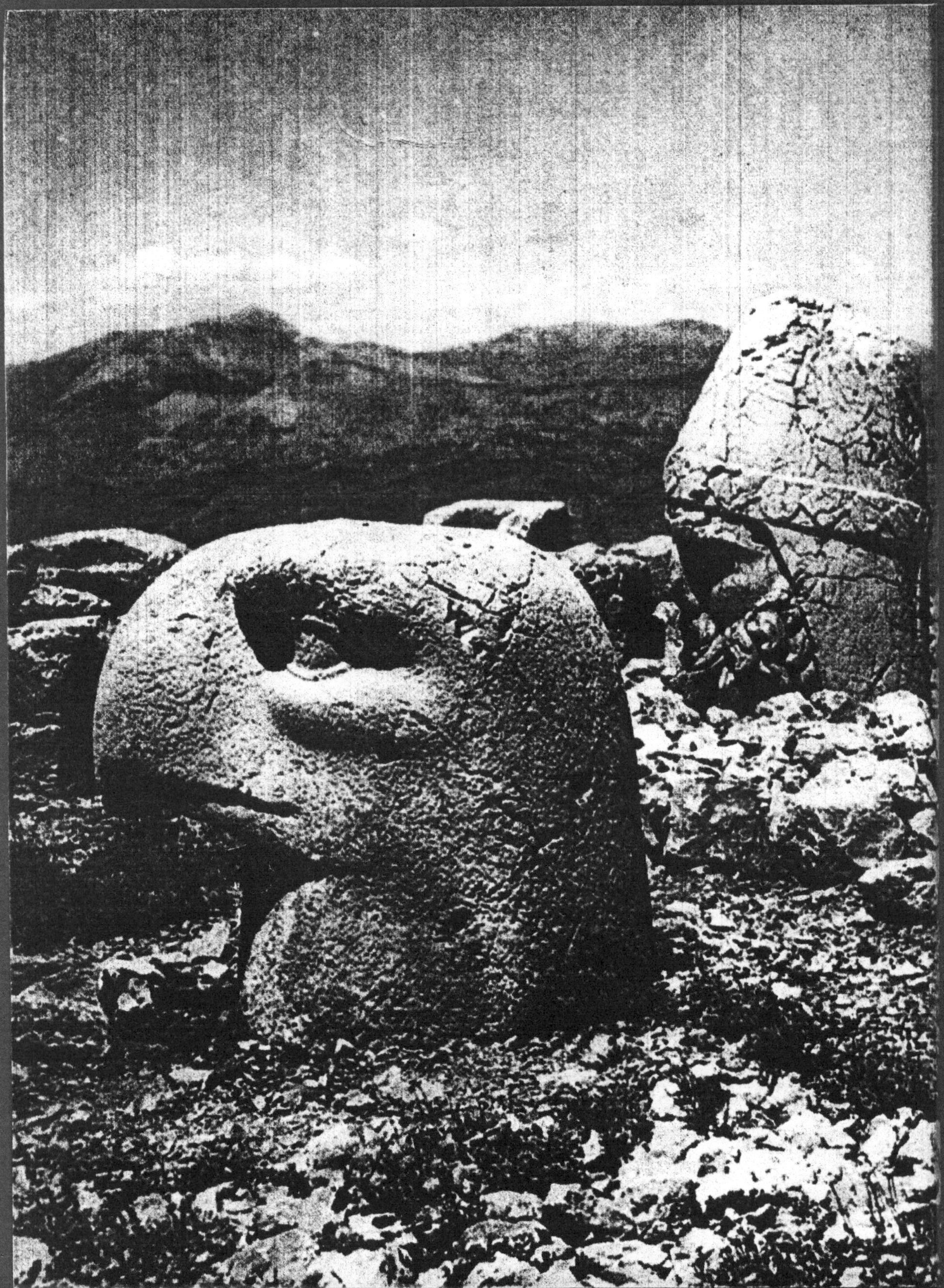

Hansruedi Bollhalder

Skulpturen

KUNSTHAUS VISP 4. April - 30. Oktober 1973

Pasadena Art Museum

April 4th - October 30th 1975

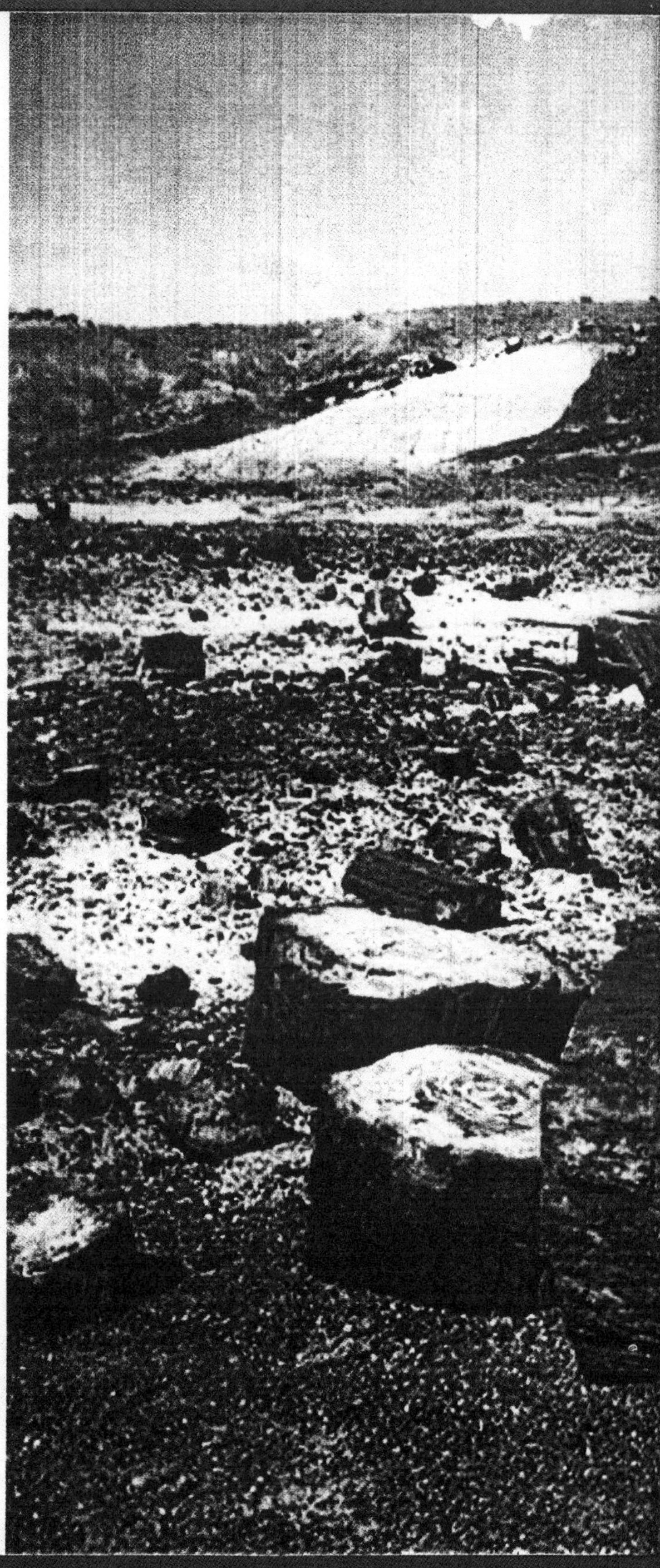

Hansruedi Bollhalder

The Utah Project

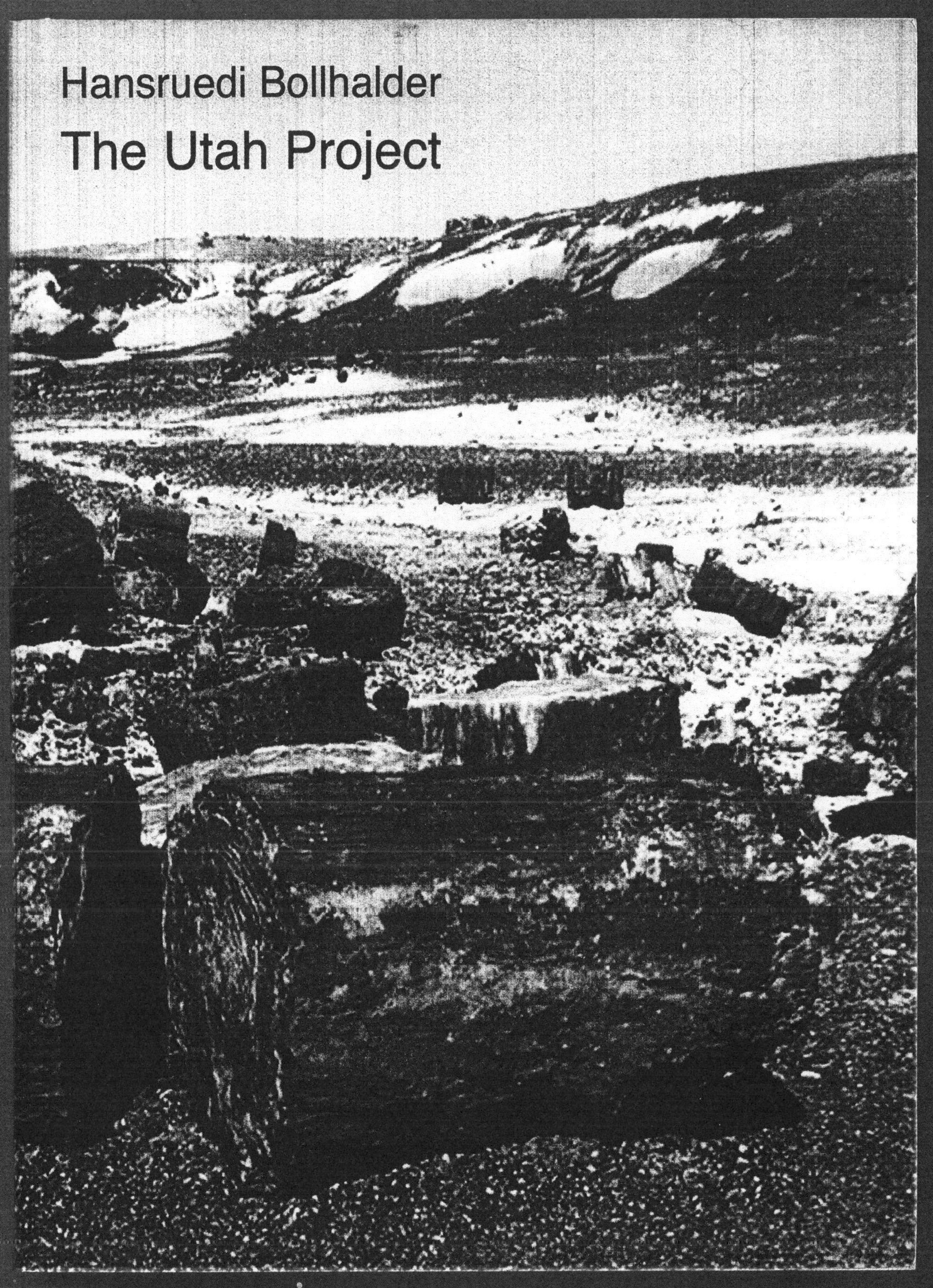

ALEX HALEY'S

Family Tree

(Abridged)

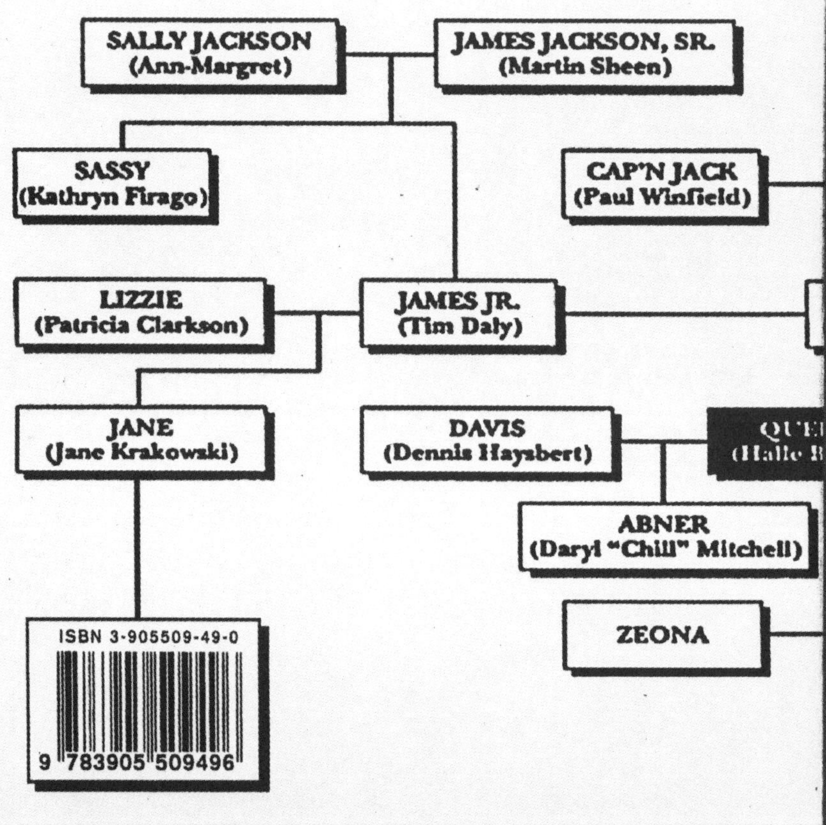

ISBN 3-905509-49-0
9 783905 509496

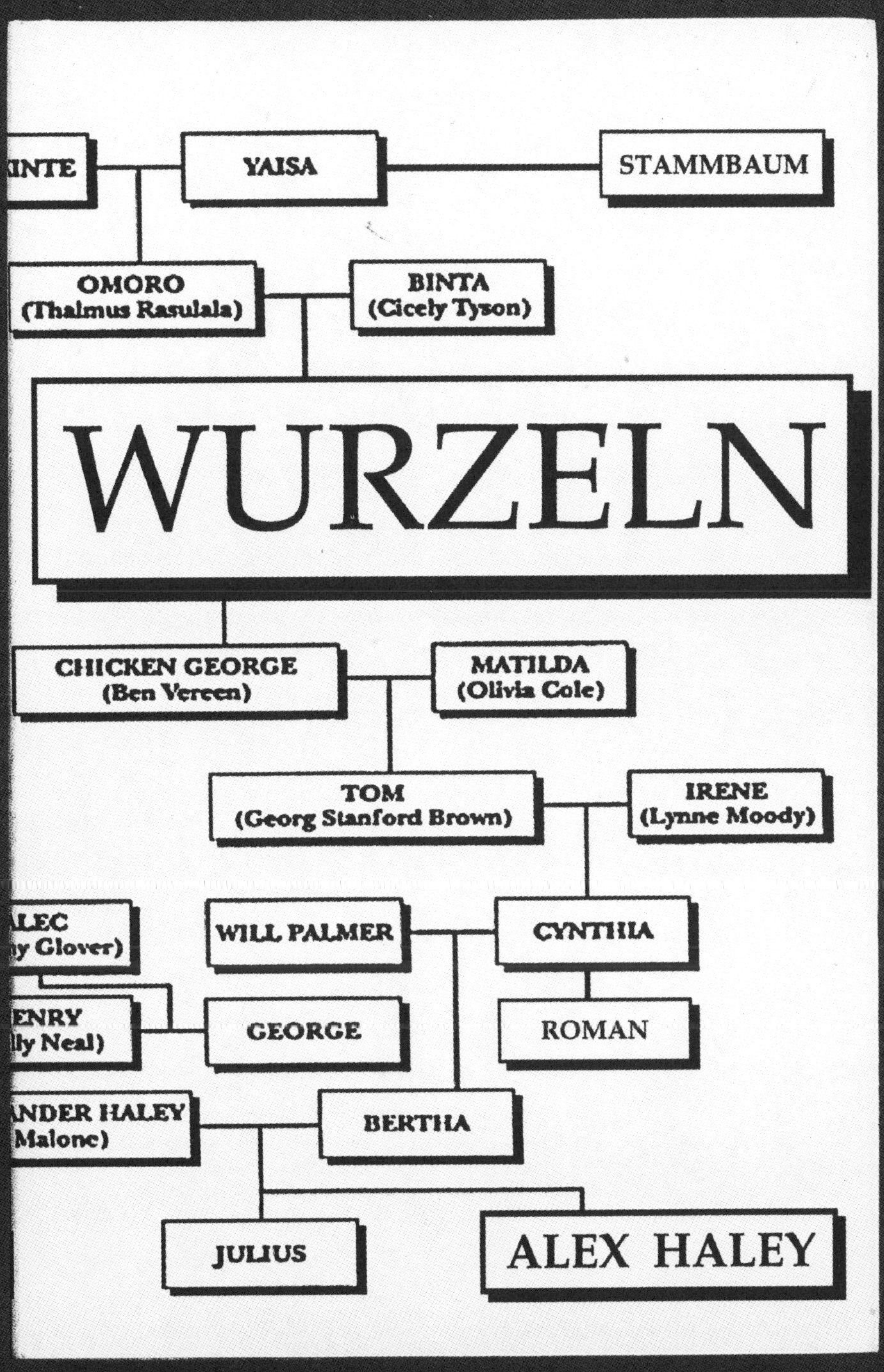
INTE
YAISA
STAMMBAUM
OMORO
(Thalmus Rasulala)
BINTA
(Cicely Tyson)
WURZELN
CHICKEN GEORGE
(Ben Vereen)
MATILDA
(Olivia Cole)
TOM
(Georg Stanford Brown)
IRENE
(Lynne Moody)
ALEC
ny Glover)
WILL PALMER
CYNTHIA
ENRY
lly Neal)
GEORGE
ROMAN
ANDER HALEY
Malone)
BERTHA
JULIUS
ALEX HALEY

Am Rande eines Umweltkongresses in Paris macht der aus Chile angereiste Journalist Traven zufällig die Bekanntschaft der ehemaligen Schauspielerin Marthe, die als junge Frau während der Besatzung verschiedene Rollen im Untergrund spielte. Sie erzählt ihm wirre Geschichten über biologische Waffen und Fahnenflüchtige.
Die Recherchen, die der neugierige Traven daraufhin unternimmt, erweisen sich zunächst als harzig, doch dann stösst er im bewaldeten Herzen des Zentralmassivs auf die Spur einer Fuhre Munitionskisten und des in ihren Brettern verborgenen Pilzstamms *Ophiostoma novo-ulmi*.
Hatten der deutsche Deserteur Stein und der amerikanische Spion Desert wirklich keine Ahnung von den fatalen Folgen ihrer Aktion hinter den Linien?

"Ein Highlight für alle Ökokrimifans!"

Alex Haley *The Observer*

ELMOPRESS

Roberto Bolaño

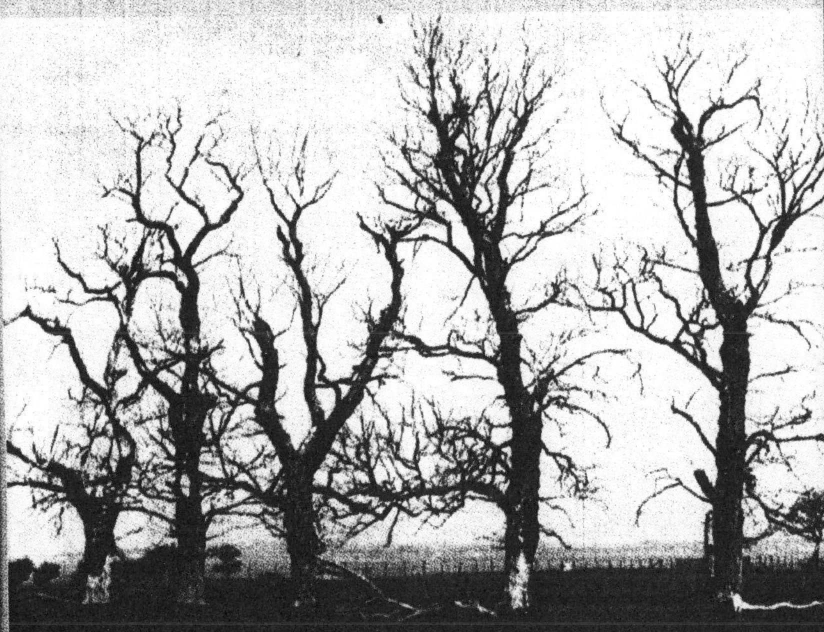

ULMENSTERBEN

Kriminalroman

Gilles Deleuze
Félix Guattari

Rhizome

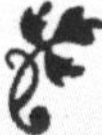

Panthéon

In diesem lange im Schatten der Äste der Krone des *Herrn der Ringe* stehenden Spätwerk kehrt John Ronald Reuel an den Ort seiner Geburt zurück, ins südafrikanische Bloemfontein nämlich, wo sein Vater Oberbuschroder war, das ist die Wahrheit.

Und im Park des Anwesens der Familie des Erfinders der modernen Parallelmythologie, in der Nähe der im *Silmarillion* besungenen Blumenquelle, steht heute noch, richtig, Yggdrasil, der mythische Baobab, der mit den Wurzeln nach oben in der Erde steckt, der so gross ist wie der Kosmos selber und alle seine Wesen beherbergt, der die Erde durchwächst, der als Weltenesche Humbaba im schwedischen Uppsala kehrtauf wieder herüber spriesst!

Dazwischen befindet sich das grosse mittelirdische Reich *Rhizom* von Deleuze und Guattari, welches Bruce Chatwin, der *Geck der Aborigines*, so gültig nachbesungen hat! Oh Freunde, helft mir, ich habe den Durchblicksstrudel!

"Ein starkes Stück Trip, dieser Einband, führwahr!"

Jerry Garcia *The Grateful Dead*

"Nur wer den Totalen Zusammenhang™ besitzt, sollte dieses Buch kaufen dürfen, das aber eigentlich nur noch in Unserer Neuen Unbesiegbaren Währung RAAM™ sollte bezahlt werden können!"

David Lynch *Der Holzweg*

"Gegen dieses Werk ist selbst das Internet nichts als ein verbleichender Bleistiftstrich auf einer gekalkten Latrinentäfelung Nordostislands!"

George Reuel Wilkinson *Midgard Sanatorium Posten*

"Ein eindrückliches Werk, das ist sicher richtig, aber wir wollen doch sachlich bleiben."

Albert Hoffmann *Der ewige Wissenschaftler*

"Welch ein erquickendes Bad im tosenden Nektar verboten fleischiger Affenbrotbaumblüten!"

Hermes Trismegistos
Der ewige elitäre Pedant mit seinem ewigen Geheimwissen und seinen wahnsinnigen Zusammenhängen

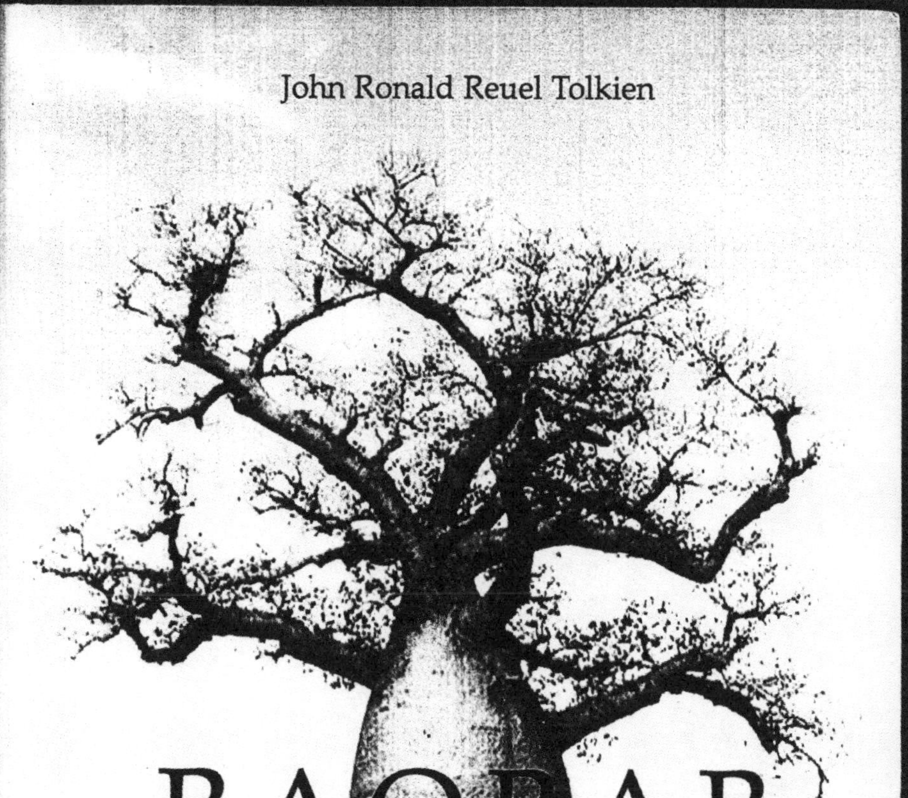

John Ronald Reuel Tolkien

BAOBAB

YGGDRASIL

Holzn

Alles Holz tot?
Hol es, wald ap!
Watzn Hotz Alp?
Hatzn Wotz ohb?
Halzn! Wolzn! Alp!

Hanz old Wappn!
Holzn oh-
Waldn ap Holz!
Totn Hotz alp!

Tanzn ohn alp!
Hanzn talp opf!
Tanzapfn Hanz!
Hol ap, Mann, Zapfn!

Hallux tatzn ap?
Toslo ahn Onkl?
Walzapfn ahn Holux!
ohn Holz
Wazapfn ab immer?

Ob Halux Zapfn immer?
Ob holzn im Ohb?
Ob Zapfn!
Ob Wald!
Ob Holz!

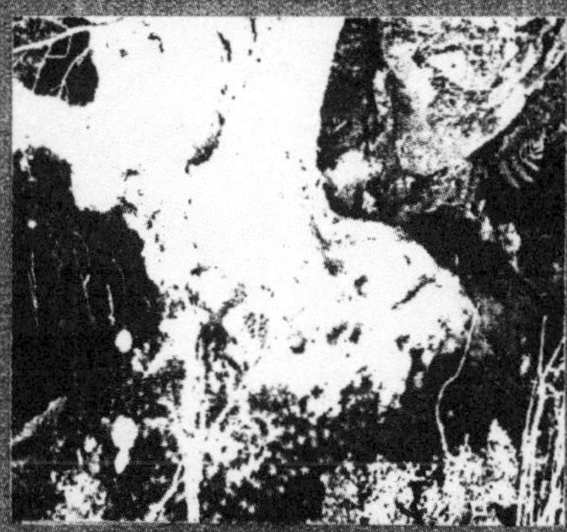

Heiner Strunk

Holzn

Gedichte

Alberta

Krautenes Vergessen

Gelangte zu einer
dämmrigen Lichtung,
machte mein Boot
an einen morschen Pfahl,
den Karren, Schlitten, Ranzen,
was immer,

etwas wie Grasnarbe spann sich
da über Buckliges,
dort Katzenschwänze, Binsen,
in einer Falte Garben von faulem Schilf,
der unbeirrte Schachtelhalm,
er kolonisiert fort und fort,

dunkle Bühne,
Prospekt aus nassen Vorhängen,
samtgrau gestaffeltes Geflirr
aus Blättchen, Blättchen,
und Schwarz,

plötzlich, dort innen,
scharf oranger Schimmel,
der im gespaltenen Stamm eines
Holunders nach oben will,

vor zwanzig Jahren
stund hier ein Schopf,
man sieht noch etwas Wellblechreste,
dahinter einen Hock
vergammelter Jutesäcke,

ja, wo eine Wiese ist,
wird Blacke sein,
und krautenes Vergessen.

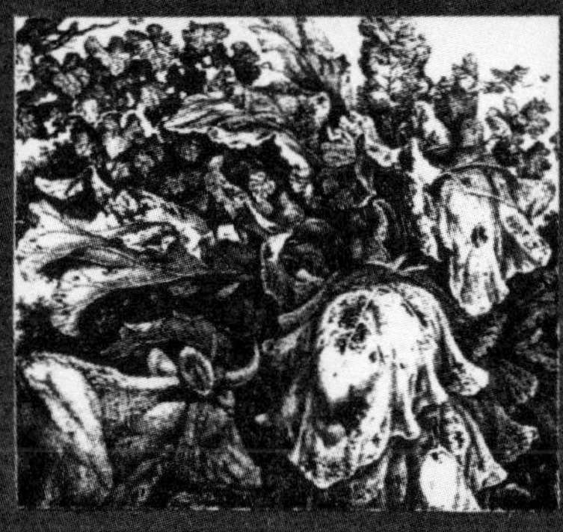

Jessica Kolbe

Krautenes Vergessen

Gedichte

Alberta

Meine vielen Kiefern!

Ihr malmt sehr langsam
und überaus genüsslich
immer grüne Äsung.

Aus Heidelbeeren,
wertvollen Gräsern
und Birkenbast

formt ihr
einen schönen Kuchen
in meinem Pansen.

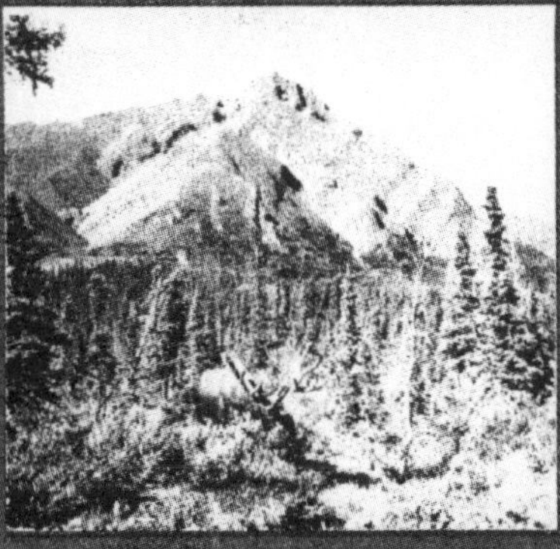

Jordi Maag

Elch sein

Gedichte

Alberta

Konzert für Streicher
und Cemball

Ja der Mensch,
er reisst dem Tier,
dem Schwein, dem Sumpfbock,
das Gedärm aus dem Leib
und spannt es auf seine Fiedel.
So fliegt er zu Gott.

Ein Gitter aus –
jedenfalls schwebt es
über Brandenburg.
In die Lüfte
eingelassene Manuale,
daran Äffchen im Frack,
die treiben es gar bunt!

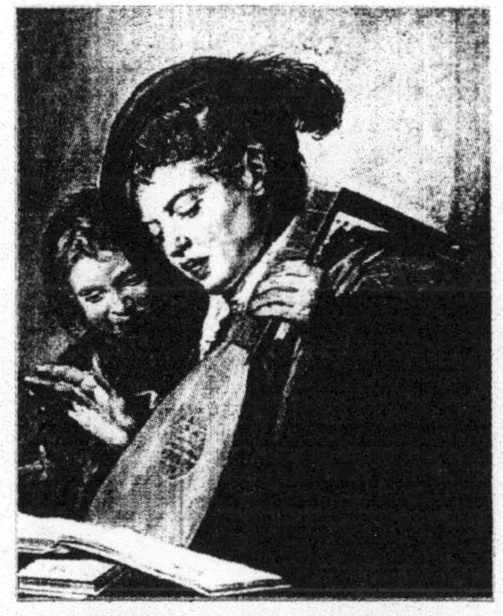

Rosie Hals

Konzert für Streicher und Cembali

Gedichte

Alberta

In diesem eigentlich zu Unrecht im Schatten von Derborence darbenden Spätwerk zeigt uns Ramuz noch einmal die ganze Kraft seiner Prosa.

Kurt Guggenheim

C.F. Ramuz

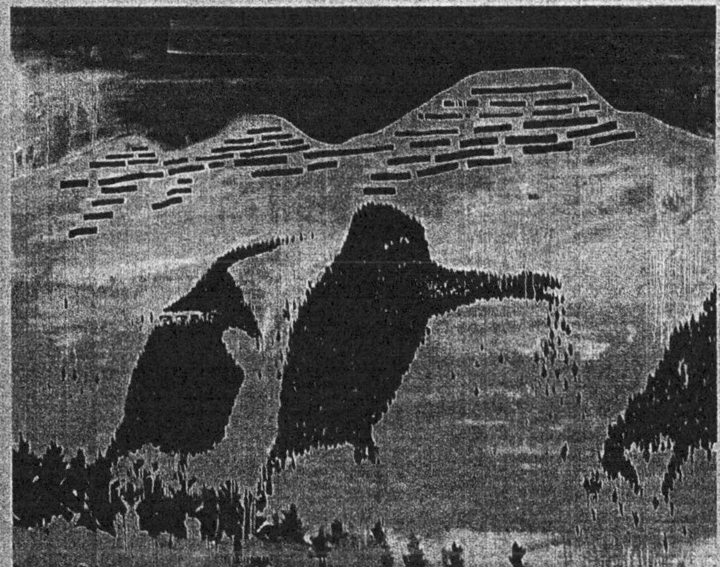

Bannwald

Fischer

„Die Muotha sieht alles.“

In diesem eigentlich zu Unrecht lange im Schatten von Ramuz' BANNWALD darbenden Spätwerk zeigt uns Inglin noch einmal die ganze Kraft seiner Prosa. Und, nach Jahrzehnten, plötzlich, dankbar, erkennen wir den missing link zu Burgers KÜNSTLICHER MUTTER.

Ramon Egli, *Die Südostschweiz*

Selten ist eine Talschaft und ihr Bach gültiger beschworen worden, besungen, Ramon!

Kurt Guggenheim, *Der Riedländer*

Meinrad Inglin

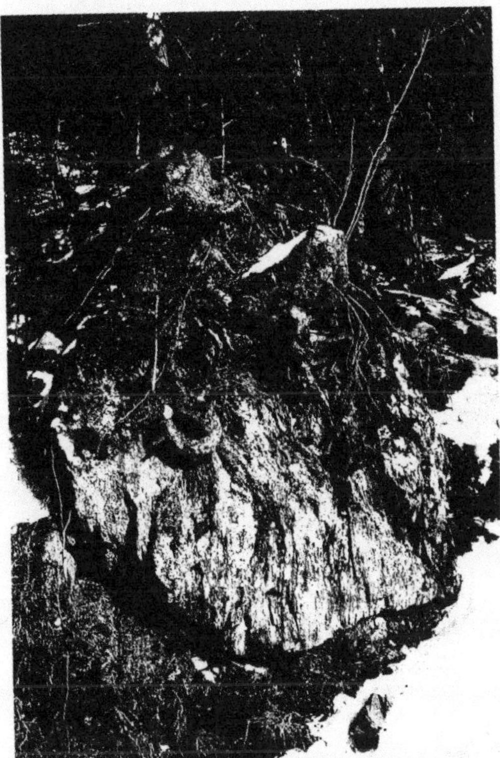

Muotha

S.Fischer - Verlag

Sarah war seit Stunden unterwegs, der Stadtwald zog sich hin, weit über Schönbrunn hinaus, ihre Leere wuchs und füllte sich mit einer Art spirituellem Vakuum, das jedem Zenmeister zur Ehre gereicht hätte.
Eine SMS fand durch Endlosigkeiten aus mattem Gezweig in ihre Tasche. Sie mochte nicht hinsehen, dann doch - Kerner wollte sie nächsten Montag sehen - also doch, endlich! Die Gerüchte stimmten also, dass sie ab März das ganze Team übernehmen würde. Und das wäre nun tatsächlich Licht am Ende des Tunnels!
Sarah schritt unmerklich frischer aus, verbot sich aber allzu grosse Freude.
Nun klingelte es. Ron, der Lebenspartner ihres Bruders Dieter, wollte sie sprechen. Ich muss Dir etwas ganz Trauriges mitteilen, sagte er.

D_Press

Renée Schaad

WINTERWALD

ISBN 3-905509-49-0

9 783905 509496